2025年
国家统一法律职业资格
考试大纲

中华人民共和国司法部　制定

法律出版社
北京

图书在版编目（CIP）数据

2025年国家统一法律职业资格考试大纲 / 中华人民共和国司法部制定. -- 北京：法律出版社，2025.
ISBN 978-7-5244-0164-3

Ⅰ. D92-41

中国国家版本馆 CIP 数据核字第 2025XG0690 号

2025年国家统一法律职业资格考试大纲
2025 NIAN GUOJIA TONGYI FALÜ ZHIYE ZIGE KAOSHI DAGANG

中华人民共和国司法部 制定

责任编辑 徐 菲
装帧设计 李 瞻

出版发行 法律出版社
编辑统筹 法律考试·职业教育分社
责任校对 晁明慧
责任印制 胡晓雅
经　　销 新华书店

开本 710毫米×1000毫米 1/16
印张 17.25 **字数** 272千
版本 2025年5月第1版
印次 2025年5月第1次印刷
印刷 天津嘉恒印务有限公司

地址：北京市丰台区莲花池西里7号（100073）
网址：www.lawpress.com.cn
投稿邮箱：info@lawpress.com.cn
举报盗版邮箱：jbwq@lawpress.com.cn

销售电话：010-83938349
客服电话：010-83938350
咨询电话：010-63939796

书号：ISBN 978-7-5244-0164-3
定价：28.00元

凡购买本社图书，如有印装错误，我社负责退换。电话：010-83938349

出版说明

《2025年国家统一法律职业资格考试大纲》坚持以习近平新时代中国特色社会主义思想为指导，深入学习贯彻党的二十大和二十届二中、三中全会精神，认真学习贯彻习近平法治思想，根据中国特色社会主义法治理论和现行法律法规及司法等领域最新实践成果，确定各学科考核知识点和附属法律法规。

《2025年国家统一法律职业资格考试大纲》编写过程中，得到了中共中央办公厅法规局、最高人民法院、最高人民检察院、中国法学会等部门和中国社会科学院、北京大学、中国人民大学、清华大学、北京师范大学、武汉大学、中国政法大学、西南政法大学、中南财经政法大学、外交学院等单位及院校和科研机构专家学者的大力支持，在此一并表示感谢。

中华人民共和国司法部

二〇二五年五月

目　　录

国　际　法

司法制度和法律职业道德

刑　　法

刑事诉讼法

行政法与行政诉讼法

民　法

知识产权法

商　法

经济法

环境资源法

劳动与社会保障法

国 际 私 法

国际经济法

民事诉讼法与仲裁制度

2025年国家统一法律职业资格考试说明

一、考试性质与测试目标

国家统一法律职业资格考试坚持以习近平新时代中国特色社会主义思想为指导，认真学习宣传贯彻党的二十大和二十届二中、三中全会精神，深入学习贯彻习近平法治思想，立足建设德才兼备的高素质法治工作队伍，是由司法部统一组织的选拔合格法律职业人才的国家考试制度。根据法律和有关规定，初任法官、初任检察官，申请律师执业、公证员执业和初次担任法律类仲裁员，以及行政机关中初次从事行政处罚决定法制审核、行政复议、行政裁决、法律顾问的公务员，必须通过国家统一法律职业资格考试取得法律职业资格。国家统一法律职业资格考试以依法、公平、公正的考试方式和方法，检验应试人员是否了解和掌握以宪法为核心的中国特色社会主义法律体系，是否具有从事相应法律职业所应具备的政治素养、业务能力和职业操守。

二、考试内容、科目

根据《国家统一法律职业资格考试实施办法》，国家统一法律职业资格考试内容包括：理论法学、应用法学、现行法律规定、法律实务和法律职业道德。

2025年国家统一法律职业资格考试坚持法学类马克思主义理论研究和建设工程重点教材的指导作用，考试科目包括：习近平法治思想、法理学、宪法、中国法律史、刑法、民法、刑事诉讼法、民事诉讼法、行政法与行政诉讼法、经济法、知识产权法、商法、国际法、国际私法、国际经济法、环境资源法、劳动与社会保障法、司法制度和法律职业道德。

三、考试要求

对上述内容与科目，应试人员应分别从了解和理解、熟悉并运用两个能力层次予以把握：

——了解和理解，要求深入了解和准确理解中国特色社会主义法治理论的内容和相关法律知识、原理、规定，并据此解释、论证观点，分析现象，辨明正误；

——熟悉并运用，要求能够在中国特色社会主义法治理论指导下，运用相关法律原理、观点和方法，对法治理论问题、社会法律现象和实务进行分析、判断、综合、评价，做到政治立场正确、事实认定清楚、法律适用准确。

习近平法治思想

第一章　习近平法治思想的形成发展及重大意义

考试内容

第一节　习近平法治思想的形成发展

习近平法治思想形成的时代背景　习近平法治思想形成发展的逻辑　习近平法治思想形成发展的历史进程　习近平法治思想的鲜明特色

第二节　习近平法治思想的重大意义

习近平法治思想是马克思主义法治理论同中国法治建设具体实际相结合、同中华优秀传统法律文化相结合的最新成果　习近平法治思想是对党领导法治建设丰富实践和宝贵经验的科学总结　习近平法治思想是在法治轨道上全面建设社会主义现代化国家的根本遵循　习近平法治思想是引领法治中国建设实现高质量发展的思想旗帜

第二章　习近平法治思想的核心要义

考试内容

第一节　坚持党对全面依法治国的领导

党的领导是中国特色社会主义法治之魂　全面依法治国是要加强和改善党的领导　坚持党的领导、人民当家作主、依法治国有机统一　坚持党领导立法、保证执法、支持司法、带头守法　健全党领导全面依法治国的制度和工作机制

第二节　坚持以人民为中心

以人民为中心是中国特色社会主义法治的根本立场　坚持人民主体地

位　牢牢把握社会公平正义的价值追求　推进全面依法治国的根本目的是依法保障人民权益

第三节　坚持中国特色社会主义法治道路

中国特色社会主义法治道路是建设中国特色社会主义法治体系、建设社会主义法治国家的唯一正确道路　中国特色社会主义法治道路的核心要义

第四节　坚持依宪治国、依宪执政

坚持依法治国首先要坚持依宪治国，坚持依法执政首先要坚持依宪执政　宪法是国家的根本法，是治国理政的总章程　全面贯彻实施宪法　推进合宪性审查工作　深入开展宪法宣传教育

第五节　坚持在法治轨道上推进国家治理体系和治理能力现代化

全面依法治国是国家治理的一场深刻革命　法治是国家治理体系和治理能力的重要依托　更好发挥法治固根本、稳预期、利长远的保障作用　坚持依法治军、从严治军　坚持依法保障"一国两制"实践与推进祖国统一　坚持依法治网

第六节　坚持建设中国特色社会主义法治体系

推进全面依法治国的总目标和总抓手　建设完备的法律规范体系　建设高效的法治实施体系　建设严密的法治监督体系　建设有力的法治保障体系　建设完善的党内法规体系

第七节　坚持依法治国、依法执政、依法行政共同推进，法治国家、法治政府、法治社会一体建设

全面依法治国是一个系统工程　法治国家是法治建设的目标　法治政府是建设法治国家的主体　法治社会是构筑法治国家的基础

第八节　坚持全面推进科学立法、严格执法、公正司法、全民守法

科学立法、严格执法、公正司法、全民守法是推进全面依法治国的重要

环节　推进科学立法　推进严格执法　推进公正司法　推进全民守法

第九节　坚持统筹推进国内法治和涉外法治

统筹推进国内法治和涉外法治是全面依法治国的迫切任务　加快涉外法治工作战略布局　加强对外法治交流合作　为构建人类命运共同体提供法治保障

第十节　坚持建设德才兼备的高素质法治工作队伍

建设一支德才兼备的高素质法治工作队伍至关重要　加强法治专门队伍建设　加强法律服务队伍建设　加强法治人才培养

第十一节　坚持抓住领导干部这个“关键少数”

领导干部是全面依法治国的关键　领导干部要做尊法学法守法用法的模范　领导干部要提高运用法治思维和法治方式的能力　党政主要负责人要履行推进法治建设第一责任人职责

第三章　习近平法治思想的实践要求

考试内容

第一节　充分发挥法治对经济社会发展的保障作用

以法治保障经济发展　以法治保障政治稳定　以法治保障文化繁荣　以法治保障社会和谐　以法治保障生态良好

第二节　正确认识和处理全面依法治国一系列重大关系

政治和法治　改革和法治　依法治国和以德治国　依法治国和依规治党

参考文献

1. 习近平:《论坚持全面依法治国》,中央文献出版社 2020 年版。

2. 习近平:《高举中国特色社会主义伟大旗帜　为全面建设社会主义现代化国家而团结奋斗——在中国共产党第二十次全国代表大会上的报告(2022 年 10 月 16 日)》,人民出版社 2022 年版。
3. 习近平:《坚定不移走中国特色社会主义法治道路　为全面建设社会主义现代化国家提供有力法治保障》,载《求是》2021 年第 5 期。
4. 习近平:《坚持走中国特色社会主义法治道路　更好推进中国特色社会主义法治体系建设》,载《求是》2022 年第 4 期。
5. 习近平:《谱写新时代中国宪法实践新篇章——纪念现行宪法公布施行 40 周年》,载《人民日报》2022 年 12 月 20 日。
6.《中共中央关于全面推进依法治国若干重大问题的决定》(2014 年 10 月 23 日中国共产党第十八届中央委员会第四次全体会议通过),人民出版社 2014 年版。
7. 习近平:《决胜全面建成小康社会　夺取新时代中国特色社会主义伟大胜利——在中国共产党第十九次全国代表大会上的报告(2017 年 10 月 18 日)》,人民出版社 2017 年版。
8.《中共中央关于坚持和完善中国特色社会主义制度　推进国家治理体系和治理能力现代化若干重大问题的决定》(2019 年 10 月 31 日中国共产党第十九届中央委员会第四次全体会议通过),人民出版社 2019 年版。
9.《中共中央关于党的百年奋斗重大成就和历史经验的决议》(2021 年 11 月 11 日中国共产党第十九届中央委员会第六次全体会议通过),人民出版社 2021 年版。
10. 中共中央宣传部、中央全面依法治国委员会办公室编:《习近平法治思想学习纲要》,人民出版社、学习出版社 2021 年版。
11.《习近平法治思想概论》编写组编:《习近平法治思想概论》(第二版),高等教育出版社 2024 年版。
12.《法治中国建设规划(2020—2025 年)》,中国法制出版社 2021 年版。
13.《法治社会建设实施纲要(2020—2025 年)》,人民出版社 2020 年版。
14.《法治政府建设实施纲要(2021—2025 年)》,人民出版社 2021 年版。
15.《中共中央关于进一步全面深化改革　推进中国式现代化的决定》(2024 年 7 月 18 日中国共产党第二十届中央委员会第三次全体会议通过),人民出版社 2024 年版。

法 理 学

第一章 法的本体

基本要求

理解：法的概念的学说，马克思主义关于法的本质的基本观点，法的定义，法的特征，法的规范作用与社会作用，法的局限性，法的价值的含义，法的价值的种类，法的价值冲突及其解决，法律规则的含义、逻辑结构，法律规则与语言的关系，法律规则与法律条文的区别，法律规则的分类，法律原则的概念与种类，法律规则与法律原则的区别，法律规则与法律原则的适用，法律概念的定义，法律概念的性质与功能，法律概念的分类，法律权利与法律义务的概念及语义类型，权利与义务的分类及相互关系，法的渊源的含义，正式的法的渊源与非正式的法的渊源，当代中国法的正式渊源，正式的法的渊源的效力原则，当代中国法的非正式渊源，法的效力的含义，法的效力根据，法对人的效力原则，法的空间效力，法的生效时间与失效时间及溯及力，法律部门与法律体系的含义，公法、社会法与私法的含义与区别，法律体系的性质和功能，当代中国的法律体系，法律关系的含义，法律关系的特征与种类，法律关系的主体的含义与种类，权利能力与行为能力，法律关系的内容，法律关系客体的含义，法律关系客体的种类，法律事件与法律行为，法律责任的含义，法律责任的特点，法律责任与权力、权利和义务的关系，法律责任的竞合，法律责任的归责原则，法律责任的免除条件，法律制裁的含义。

熟悉并能够运用：法学的基本知识、概念，分析和评价有关的案例、事例或者法条。

考试内容

第一节 法的概念

法的概念的学说　马克思主义关于法的本质的基本观点　法的定义

法的特征（规范性　国家意志性　强制性　普遍性　程序性　可诉性）

法的作用（规范作用与社会作用　法的局限性）

第二节　法的价值

法的价值的含义　法的价值的种类（秩序　自由　人权　正义）法的价值冲突及其解决

第三节　法的要素

法律规则（法律规则的含义　逻辑结构　法律规则与语言　法律规则与法律条文的区别　法律规则的分类）法律原则（法律原则的含义、种类　法律原则与法律规则的区别）法律规则与法律原则的适用　法律概念（定义、性质、功能及分类）权利与义务（权利、义务的含义、语义类型、分类及相互关系）

第四节　法的渊源

法的渊源的概念（法的渊源的含义）正式的法的渊源与非正式的法的渊源　当代中国法的正式渊源（宪法　法律　行政法规　地方性法规　自治条例和单行条例　部门规章和地方政府规章）正式的法的渊源的效力原则（不同位阶的法的渊源之间的冲突原则　同一位阶的法的渊源之间的冲突原则　位阶出现交叉时的法的渊源之间的冲突原则）当代中国法的非正式渊源

第五节　法的效力

法的效力的含义　法的效力的根据　法的效力范围　法对人的效力（法对人的效力原则）法的空间效力　法的时间效力（法的生效时间　法的失效时间　法的溯及力）

第六节　法律部门与法律体系

法律部门（法律部门的含义　法律部门的划分标准）公法、社会法与私法的含义与区别　法律体系（含义、性质和功能）当代中国法律体系（我国主要法律部门）

第七节　法律关系

法律关系的概念与种类（法律关系的含义与特征　法律关系的种类）法

律关系主体（法律关系主体的含义和种类　权利能力和行为能力）　法律关系的内容（法律关系主体的权利与义务）　法律关系客体（法律关系客体的含义和种类）　法律关系的产生、变更与消灭（法律事件与法律行为）

第八节　法律责任

法律责任的概念（法律责任的含义　法律责任的特点　法律责任与权力、权利和义务的关系）　法律责任的竞合　归责与免责（法律责任的归责原则　法律责任的免除条件）　法律制裁（法律制裁的含义）

第二章　法的运行

基本要求

理解：立法和立法权限，当代中国的立法体制，立法指导思想，科学立法原则，民主立法原则，依法立法原则，立法程序，执法的含义，执法的特点，司法的含义，司法的特点，守法的含义与构成，守法义务，法律监督的含义与构成，法律监督的体系，法的发现与法的证成的区分，法律解释的含义，法律解释的特点，法律漏洞的概念与特征，法律漏洞的分类。

熟悉并能够运用：立法技术，执法的基本原则，执法与司法的区别，当代中国司法的基本要求和原则，法适用的目标，法的证成的优先性，内部证成与外部证成的区分，语义解释，立法者目的解释，历史解释，比较解释，体系解释，客观目的解释，法律解释方法的适用模式（单一适用模式、累积适用模式、冲突适用模式），法律解释方法的位阶，当代中国的法律解释体制，演绎推理，归纳推理，类比推理，反向推理，当然推理，设证推理，目的论扩张，目的论限缩，分析和评价有关的案例、事例或者法条。

考试内容

第一节　立法

立法和立法体制（立法权限　当代中国的立法体制）　立法指导思想　立法原则（科学立法原则　民主立法原则　依法立法原则）　立法程序（法律议案的提出　法律案的审议　法律的表决和通过　法律的公布）　立法技术（立法预测技术　立法规划技术　立法表达技术）

第二节　法的实施

执法（执法的含义　执法的特点　执法的基本原则）**司法**（司法的含义　司法的特点及其与执法的区别　当代中国司法的基本要求和原则）**守法**（守法的含义与构成　守法义务）**法律监督**（法律监督的含义和构成）**法律监督体系**（国家法律监督体系　社会法律监督体系）

第三节　法适用的一般原理

法适用的目标（可预测性与正当性）**法的发现与法的证成**（法的发现与法的证成的区分　法的发现的性质　法的证成的优先性）**内部证成与外部证成**

第四节　法律解释

法律解释（法律解释的含义与特点）**法律解释的方法**（语义解释　立法者目的解释　历史解释　比较解释　体系解释　客观目的解释）**法律解释方法的适用模式**（单一适用模式　累积适用模式　冲突适用模式）**法律解释方法的位阶　当代中国的法律解释体制**

第五节　法律推理

法律推理的概念　法律推理的种类（演绎推理　归纳推理　类比推理　反向推理　当然推理　设证推理）

第六节　法律漏洞的填补

法律漏洞的概念（法律漏洞的含义和特征）**法律漏洞的分类**（部分漏洞与全部漏洞　明显漏洞和隐藏漏洞　自始漏洞和嗣后漏洞）**法律漏洞的填补方法**（目的论扩张　目的论限缩）

第三章　法的演进

基本要求

理解：法的产生，法产生的一般规律，法的历史类型的含义，法的传统的含义，法律意识的含义，法的现代化的含义，法的现代化的类型，法治的含义，法治与人治的区别，法治与法制的区别，社会主义法治国家的基本条件。

熟悉并能够运用：中国传统法律文化，西方传统法律文化，法的继承的含义与根据，法的移植的含义，法系的含义，西方国家两大法系的含义与区别，法的现代化的动力来源，当代中国法的现代化的历史进程与特点，分析和评价有关的案例、事例或者法条。

考试内容

第一节　法的起源与法的历史类型

法的产生　法产生的一般规律　法的历史类型

第二节　法的传统与法律文化

法的传统的含义　法律意识（法律意识的含义与结构）　中国传统法律文化　西方传统法律文化　法的继承与法的移植（法的继承的含义与根据　法的移植的含义）

第三节　法系

法系的概念与标准　大陆法系与英美法系　两大法系的区别

第四节　法的现代化

法的现代化（法的现代化的标志　法的现代化的动力来源　法的现代化的类型）　当代中国法的现代化的历史进程与特点

第五节　法治理论

法治（法治的含义　法治与人治的区别　法治与法制的区别）　社会主义法治国家的基本条件

第四章　法与社会

基本要求

理解：法与政策的联系，法与政策的区别，法与国家的一般关系，法与道德的联系。

熟悉并能够运用：法与社会的一般关系，法与经济的一般关系，法与科学技术，法与政治的一般关系，法与道德的区别，法与宗教的相互关系，分析和评价有关的案例、事例或者法条。

考试内容

第一节　法与社会的一般理论

法与社会的一般关系

第二节　法与经济

法与经济的一般关系　法与科学技术（科技进步对法的影响　法对科技进步的作用）

第三节　法与政治

法与政治的一般关系（政治对法的作用　法对政治的作用）　法与政策的联系　法与政策的区别（意志属性、规范形式、实施方式、调整范围、稳定性与程序化程度）　法与国家（法与国家的一般关系）

第四节　法与道德

法与道德的联系　法与道德的区别（产生方式、表现形式、调整范围、内容结构、实施方式等方面的区别）

第五节　法与宗教

法与宗教的相互影响（宗教对法的影响　法对宗教的影响）

宪　　法

第一章　宪法基本理论

基本要求

了解与理解：宪法的概念、特征、分类、制定，宪法产生的条件，旧中国宪法的历史发展，新中国宪法的产生与发展，现行宪法的基本特点与修正内容，宪法的基本原则及其在我国宪法上的体现，宪法与法律的关系，宪法的功能和作用，宪法渊源，宪法结构，宪法规范，宪法效力。

熟悉与运用：现行宪法的基本特点与修改内容；宪法的基本原则；结合宪法文本的相关规定，分析有关宪法现象、事例或问题。

考试内容

第一节　宪法的概念

宪法的含义　宪法与法律的关系　宪法的基本特征　宪法的分类　宪法的制定

第二节　宪法的历史

近代意义宪法的产生　中国宪法的历史发展（旧中国宪法的历史发展　新中国宪法的产生与发展　现行宪法的历次修改：1988年、1993年、1999年、2004年、2018年）

第三节　宪法的基本原则

坚持党的领导原则　人民主权原则　基本人权原则　法治原则　权力制约原则

第四节　宪法的基本功能

宪法的一般功能　宪法在社会主义法治国家建设中的作用（立法　执法　司法　守法）

第五节　宪法的渊源与结构

宪法的渊源(宪法典　宪法性法律　宪法惯例　宪法判例　国际条约)　宪法典的结构(序言　正文　附则)

第六节　宪法规范

宪法规范的概念　宪法规范的主要特点(根本性　最高性　原则性　纲领性　稳定性)　宪法规范的分类

第七节　宪法效力

宪法效力的概念　宪法效力的表现　宪法与条约的关系

第二章　国家的基本制度(上)

基本要求

了解与理解：我国的国家性质，中国共产党的领导、人民民主专政的内涵以及中国共产党领导的多党合作和政治协商制度、爱国统一战线的内涵，国家的基本经济制度、国家的基本文化制度、国家的基本社会制度的基本内容。

熟悉与运用：维护国家安全法律制度的内涵；社会主义市场经济体制的内涵；我国人民民主专政的主要特色；国家的基本经济制度和基本社会制度；结合宪法、相关法律规定及相关原理，分析有关宪法案例、事例或法条。

考试内容

第一节　人民民主专政制度

人民民主专政的概念与性质　我国人民民主专政的主要特色(中国共产党领导的多党合作和政治协商制度　爱国统一战线)　中国共产党领导是中国特色社会主义最本质的特征　维护国家安全法律制度

第二节　国家的基本经济制度

社会主义市场经济体制[中国特色的社会主义市场经济体制　社会主义公有制是我国经济制度的基础　非公有制经济是社会主义市场经济

的重要组成部分（劳动者个体经济　私营经济　外商投资）　毫不动摇巩固和发展公有制经济，毫不动摇鼓励、支持、引导非公有制经济发展〕　国家保护社会主义公共财产和公民合法私有财产

第三节　国家的基本文化制度

文化制度的概念与特点　我国宪法关于基本文化制度的规定　我国宪法关于公民道德教育的规定

第四节　国家的基本社会制度

社会制度的概念及特点　宪法与社会的关系　我国宪法关于基本社会制度的规定

第三章　国家的基本制度（下）

基本要求

了解与理解：政权组织形式的含义与种类，人民代表大会制度，选举制度，国家结构形式的含义，单一制和联邦制，我国的国家结构形式，国家标志的内涵，民族区域自治制度，特别行政区制度，基层群众自治制度。

熟悉与运用：人民代表大会制度的地位与作用；选举制度的基本原则、选举程序；行政区划；国家标志；民族自治地方的自治机关和自治权；中央与特别行政区的关系，特别行政区的政治体制和法律制度；基层群众性自治组织；结合宪法、相关法律规定及相关原理，分析有关宪法案例、事例或法条。

考试内容

第一节　人民代表大会制度

政权组织形式的概念与种类　人民代表大会制度的概念与特点

第二节　选举制度

选举制度的概念　我国选举制度的基本原则（选举权的普遍性原则　选举权的平等性原则　直接选举和间接选举并用的原则　秘密投票原则）

选举机构　代表名额的分配　选举程序（划分选区和选民登记　候选人制度　投票选举　代表的罢免、辞职与补选　对破坏选举的制裁）　特别行政区和台湾省全国人大代表的选举　选举的物质保障和法律保障

第三节　国家结构形式

国家结构形式的概念　我国实行单一制的国家结构形式的原因和特点　我国的行政区域变更的法律程序

第四节　国家标志

国家标志的内涵　国旗、国歌、国徽、首都

第五节　民族区域自治制度

民族区域自治制度的主要内容　民族自治地方的自治机关　民族自治地方的自治权

第六节　特别行政区制度

特别行政区的概念和特点　中央与特别行政区的关系　特别行政区的政治体制（特别行政区行政长官　特别行政区行政机关　特别行政区立法机关　特别行政区司法机关　特别行政区公职人员就职宣誓）　特别行政区的法律制度（特别行政区基本法　予以保留的原有法律　特别行政区立法机关制定的法律　适用于特别行政区的全国性法律）　特别行政区维护国家安全的宪制责任

第七节　基层群众自治制度

基层群众性自治组织的含义和特点　村民委员会　居民委员会

第四章　公民的基本权利和义务

基本要求

了解与理解：公民的含义，国籍的含义，基本权利和基本义务的一般原理，人权与公民基本权利的含义、基本义务的含义与主要内容。

熟悉与运用：公民基本权利的一般原理；我国公民基本权利和义务的主要特点；我国公民基本权利的具体内容；我国公民基本义务的具体内容；结合宪法文本和相关法律规定，分析有关宪法案例、事例或法条。

考试内容

第一节　公民基本权利和义务概述

基本权利和基本义务的概念　基本权利效力　基本权利限制　“国家尊重和保障人权”的意义　我国公民基本权利和义务的主要特点（广泛性　平等性　现实性　一致性）

第二节　我国公民的基本权利

平等权　政治权利和自由（选举权和被选举权　六项政治自由）宗教信仰自由　人身自由（生命权　人身自由　人格尊严不受侵犯　住宅不受侵犯　通信自由和通信秘密受法律保护）社会经济权利（财产权　劳动权　劳动者休息的权利　获得物质帮助的权利）文化教育权利（受教育的权利　进行科学研究、文学艺术创作和其他文化活动的自由）监督权和获得赔偿权

第三节　我国公民的基本义务

我国公民基本义务的主要内容（维护国家统一和民族团结　遵守宪法和法律，保守国家秘密，爱护公共财产，遵守劳动纪律，遵守公共秩序，尊重社会公德　维护祖国的安全、荣誉和利益　保卫祖国、依法服兵役和参加民兵组织　依法纳税　其他基本义务）

第五章　国家机构

基本要求

了解与理解：宪法与国家机构的关系，国家机构的特征，我国宪法关于国家机构的活动原则与划分，人民法院、人民检察院和公安机关的关系。

熟悉与运用：国家机构的组织和活动原则；全国人民代表大会及其常务委员

会、国家主席、国务院、中央军事委员会、地方各级人民代表大会和地方各级人民政府、监察委员会、人民法院和人民检察院的宪法地位、组成、任期、职权、制度和工作程序；结合宪法文本，分析有关宪法案例、事例或法条。

考试内容

第一节 国家机构概述

国家机构的概念和分类 我国国家机构的组织和活动原则（民主集中制原则 社会主义法治原则 责任制原则 为人民服务原则 精简和效率原则）

第二节 全国人民代表大会

全国人民代表大会（全国人大的性质和地位 全国人大的组成和任期 全国人大的职权 全国人大的会议制度和工作程序） 全国人大常委会（全国人大常委会的性质和地位 全国人大常委会的组成、任期和机构设置 全国人大常委会的职权 全国人大常委会的会议制度与工作程序） 全国人大各委员会（常设性委员会 临时性委员会） 全国人民代表大会代表（全国人大代表的权利 全国人大代表的义务）

第三节 中华人民共和国主席

国家主席的性质和地位 国家主席的产生和任期（国家主席的产生 国家主席的任期） 国家主席的职权 国家主席职位的补缺

第四节 国务院

国务院的性质和地位 国务院的组成和任期（国务院的组成 国务院的任期） 国务院的领导体制（总理负责制 会议制度） 国务院的职权 国务院所属机构（国务院所属机构的性质和地位 国务院组成部门的领导体制 国务院组成部门的职权） 审计机关

第五节 中央军事委员会

中央军事委员会的性质和地位　中央军事委员会的组成和任期　中央军事委员会的领导体制

第六节 地方各级人民代表大会和地方各级人民政府

地方各级人民代表大会（地方各级人大的性质和地位　地方各级人大的组成和任期　地方各级人大的职权　地方各级人大的会议制度和工作程序　专门委员会和调查委员会）县级以上地方各级人大常委会（地方各级人大常委会的性质、地位、组成和任期　地方各级人大常委会的职权　地方各级人大常委会的会议制度）地方各级人大代表（地方人大代表的权利　地方人大代表的义务　对地方人大代表的监督）　地方各级人民政府（地方各级人民政府的性质和地位　地方各级人民政府的组成、任期和领导体制　地方各级人民政府的职权　地方各级人民政府的机构设置）

第七节 监察委员会

监察委员会的性质和地位　监察委员会的组成和任期　监察委员会的领导体制　监察委员会与其他机关的关系

第八节 人民法院和人民检察院

人民法院的组织与制度（人民法院的性质和任务　人民法院的组织体系　人民法院的职权）人民检察院的组织与制度（人民检察院的性质和任务　人民检察院的组织体系　人民检察院的职权）人民法院、人民检察院和公安机关的关系

第六章 宪法的实施与监督

基本要求

了解与理解：宪法实施、宪法解释、宪法修改、宪法宣誓。

熟悉与运用：宪法解释的原则和方法；宪法修改的程序；我国的宪法监督制

度；运用宪法文本和其他相关法律的规定，分析相关宪法案例、事例或具体实践问题。

考试内容

第一节　宪法实施概述

宪法实施的概念（宪法实施的含义　宪法的遵守　宪法的适用　宪法实施的保障）　宪法实施的主要特点

第二节　宪法解释

宪法解释的机关　宪法解释的原则　宪法解释的方法　宪法解释的程序

第三节　宪法修改

宪法修改的含义　宪法修改的方式（全面修改　部分修改）　宪法修改的程序（提案　先决投票　起草　通过　公布）　我国宪法的修改

第四节　宪法监督

宪法监督的内容　宪法监督的体制（普通司法机关　代议机关　专门机关）　宪法监督的方式（事先审查　事后审查　附带性审查　宪法控诉）　我国的宪法监督制度（宪法监督的机关　宪法监督的方式　违宪的制裁措施）

第五节　宪法宣誓

宪法宣誓的概念　宪法宣誓的范围　宪法宣誓的功能　宪法宣誓的程序

附录：法律法规目录

中华人民共和国宪法

（1982 年 12 月 4 日第五届全国人民代表大会第五次会议通过　1982 年 12 月 4

日全国人民代表大会公告公布施行）

中华人民共和国宪法修正案

（1988 年 4 月 12 日第七届全国人民代表大会第一次会议通过　1988 年 4 月 12 日全国人民代表大会公告公布施行）

中华人民共和国宪法修正案

（1993 年 3 月 29 日第八届全国人民代表大会第一次会议通过　1993 年 3 月 29 日全国人民代表大会公告公布施行）

中华人民共和国宪法修正案

（1999 年 3 月 15 日第九届全国人民代表大会第二次会议通过　1999 年 3 月 15 日全国人民代表大会公告公布施行）

中华人民共和国宪法修正案

（2004 年 3 月 14 日第十届全国人民代表大会第二次会议通过　2004 年 3 月 14 日全国人民代表大会公告公布施行）

中华人民共和国宪法修正案

（2018 年 3 月 11 日第十三届全国人民代表大会第一次会议通过　2018 年 3 月 11 日全国人民代表大会公告公布施行）

反分裂国家法

（2005 年 3 月 14 日第十届全国人民代表大会第三次会议通过　2005 年 3 月 14 日中华人民共和国主席令第 34 号公布　自公布之日起施行）

中华人民共和国国家安全法

（2015 年 7 月 1 日第十二届全国人民代表大会常务委员会第十五次会议通过　2015 年 7 月 1 日中华人民共和国主席令第 29 号公布　自公布之日起施行）

中华人民共和国立法法

（2000 年 3 月 15 日第九届全国人民代表大会第三次会议通过　根据 2015 年 3 月 15 日第十二届全国人民代表大会第三次会议《关于修改〈中华人民共和国立法法〉的决定》第一次修正　根据 2023 年 3 月 13 日第十四届全国人民代表大会第一次会议《关于修改〈中华人民共和国立法法〉的决定》第二次修正）

中华人民共和国全国人民代表大会和地方各级人民代表大会选举法

（1979 年 7 月 1 日第五届全国人民代表大会第二次会议通过　根据 1982 年 12 月 10 日第五届全国人民代表大会第五次会议《关于修改〈中华人民共和国全国人民代表大会和地方各级人民代表大会选举法〉的若干规定的决议》第一次

修正　根据1986年12月2日第六届全国人民代表大会常务委员会第十八次会议《关于修改〈中华人民共和国全国人民代表大会和地方各级人民代表大会选举法〉的决定》第二次修正　根据1995年2月28日第八届全国人民代表大会常务委员会第十二次会议《关于修改〈中华人民共和国全国人民代表大会和地方各级人民代表大会选举法〉的决定》第三次修正　根据2004年10月27日第十届全国人民代表大会常务委员会第十二次会议《关于修改〈中华人民共和国全国人民代表大会和地方各级人民代表大会选举法〉的决定》第四次修正　根据2010年3月14日第十一届全国人民代表大会第三次会议《关于修改〈中华人民共和国全国人民代表大会和地方各级人民代表大会选举法〉的决定》第五次修正　根据2015年8月29日第十二届全国人民代表大会常务委员会第十六次会议《关于修改〈中华人民共和国地方各级人民代表大会和地方各级人民政府组织法〉、〈中华人民共和国全国人民代表大会和地方各级人民代表大会选举法〉、〈中华人民共和国全国人民代表大会和地方各级人民代表大会代表法〉的决定》第六次修正　根据2020年10月17日第十三届全国人民代表大会常务委员会第二十二次会议《关于修改〈中华人民共和国全国人民代表大会和地方各级人民代表大会选举法〉的决定》第七次修正）

中华人民共和国全国人民代表大会和地方各级人民代表大会代表法

（1992年4月3日第七届全国人民代表大会第五次会议通过　根据2009年8月27日第十一届全国人民代表大会常务委员会第十次会议《关于修改部分法律的决定》第一次修正　根据2010年10月28日第十一届全国人民代表大会常务委员会第十七次会议《关于修改〈中华人民共和国全国人民代表大会和地方各级人民代表大会代表法〉的决定》第二次修正　根据2015年8月29日第十二届全国人民代表大会常务委员会第十六次会议《关于修改〈中华人民共和国地方各级人民代表大会和地方各级人民政府组织法〉、〈中华人民共和国全国人民代表大会和地方各级人民代表大会选举法〉、〈中华人民共和国全国人民代表大会和地方各级人民代表大会代表法〉的决定》第三次修正　根据2025年3月11日第十四届全国人民代表大会第三次会议《关于修改〈中华人民共和国全国人民代表大会和地方各级人民代表大会代表法〉的决定》第四次修正）

中华人民共和国全国人民代表大会组织法

（1982年12月10日第五届全国人民代表大会第五次会议通过　根据2021年3月11日第十三届全国人民代表大会第四次会议《关于修改〈中华人民共和国

全国人民代表大会组织法〉的决定》修正）

中华人民共和国国务院组织法

（1982年12月10日第五届全国人民代表大会第五次会议通过　2024年3月11日第十四届全国人民代表大会第二次会议修订）

中华人民共和国监察法

（2018年3月20日第十三届全国人民代表大会第一次会议通过　根据2024年12月25日第十四届全国人民代表大会常务委员会第十三次会议《关于修改〈中华人民共和国监察法〉的决定》修正）

中华人民共和国地方各级人民代表大会和地方各级人民政府组织法

（1979年7月1日第五届全国人民代表大会第二次会议通过　根据1982年12月10日第五届全国人民代表大会第五次会议《关于修改〈中华人民共和国地方各级人民代表大会和地方各级人民政府组织法〉的若干规定的决议》第一次修正　根据1986年12月2日第六届全国人民代表大会常务委员会第十八次会议《关于修改〈中华人民共和国地方各级人民代表大会和地方各级人民政府组织法〉的决定》第二次修正　根据1995年2月28日第八届全国人民代表大会常务委员会第十二次会议《关于修改〈中华人民共和国地方各级人民代表大会和地方各级人民政府组织法〉的决定》第三次修正　根据2004年10月27日第十届全国人民代表大会常务委员会第十二次会议《关于修改〈中华人民共和国地方各级人民代表大会和地方各级人民政府组织法〉的决定》第四次修正　根据2015年8月29日第十二届全国人民代表大会常务委员会第十六次会议《关于修改〈中华人民共和国地方各级人民代表大会和地方各级人民政府组织法〉、〈中华人民共和国全国人民代表大会和地方各级人民代表大会选举法〉、〈中华人民共和国全国人民代表大会和地方各级人民代表大会代表法〉的决定》第五次修正　根据2022年3月11日第十三届全国人民代表大会第五次会议《关于修改〈中华人民共和国地方各级人民代表大会和地方各级人民政府组织法〉的决定》第六次修正）

中华人民共和国各级人民代表大会常务委员会监督法

（2006年8月27日第十届全国人民代表大会常务委员会第二十三次会议通过　根据2024年11月8日第十四届全国人民代表大会常务委员会第十二次会议《关于修改〈中华人民共和国各级人民代表大会常务委员会监督法〉的决定》修正）

中华人民共和国民族区域自治法

（1984 年 5 月 31 日第六届全国人民代表大会第二次会议通过　根据 2001 年 2 月 28 日第九届全国人民代表大会常务委员会第二十次会议《关于修改〈中华人民共和国民族区域自治法〉的决定》修正）

中华人民共和国香港特别行政区基本法

（1990 年 4 月 4 日第七届全国人民代表大会第三次会议通过　1990 年 4 月 4 日中华人民共和国主席令第 26 号公布　自 1997 年 7 月 1 日起施行）

中华人民共和国香港特别行政区基本法附件一　香港特别行政区行政长官的产生办法

（1990 年 4 月 4 日第七届全国人民代表大会第三次会议通过　2010 年 8 月 28 日第十一届全国人民代表大会常务委员会第十六次会议批准修正　2021 年 3 月 30 日第十三届全国人民代表大会常务委员会第二十七次会议修订）

中华人民共和国香港特别行政区基本法附件二　香港特别行政区立法会的产生办法和表决程序

（1990 年 4 月 4 日第七届全国人民代表大会第三次会议通过　2010 年 8 月 28 日第十一届全国人民代表大会常务委员会第十六次会议备案修正　2021 年 3 月 30 日第十三届全国人民代表大会常务委员会第二十七次会议修订）

全国人民代表大会关于建立健全香港特别行政区维护国家安全的法律制度和执行机制的决定

（2020 年 5 月 28 日第十三届全国人民代表大会第三次会议通过）

中华人民共和国香港特别行政区维护国家安全法

（2020 年 6 月 30 日第十三届全国人民代表大会常务委员会第二十次会议通过　2020 年 6 月 30 日中华人民共和国主席令第 49 号公布　自公布之日起施行）

中华人民共和国澳门特别行政区基本法

（1993 年 3 月 31 日第八届全国人民代表大会第一次会议通过　1993 年 3 月 31 日中华人民共和国主席令第 3 号公布　自 1999 年 12 月 20 日起施行）

中华人民共和国村民委员会组织法

（1998 年 11 月 4 日第九届全国人民代表大会常务委员会第五次会议通过　2010 年 10 月 28 日第十一届全国人民代表大会常务委员会第十七次会议修订　根据 2018 年 12 月 29 日第十三届全国人民代表大会常务委员会第七次会议《关于修改〈中华人民共和国村民委员会组织法〉〈中华人民共和国城市居民委员会

组织法〉的决定》修正）

中华人民共和国城市居民委员会组织法

（1989年12月26日第七届全国人民代表大会常务委员会第十一次会议通过　根据2018年12月29日第十三届全国人民代表大会常务委员会第七次会议《关于修改〈中华人民共和国村民委员会组织法〉〈中华人民共和国城市居民委员会组织法〉的决定》修正）

中华人民共和国国家勋章和国家荣誉称号法

（2015年12月27日第十二届全国人民代表大会常务委员会第十八次会议通过　2015年12月27日中华人民共和国主席令第38号公布　自2016年1月1日起施行）

中华人民共和国国旗法

（1990年6月28日第七届全国人民代表大会常务委员会第十四次会议通过　根据2009年8月27日第十一届全国人民代表大会常务委员会第十次会议《关于修改部分法律的决定》第一次修正　根据2020年10月17日第十三届全国人民代表大会常务委员会第二十二次会议《关于修改〈中华人民共和国国旗法〉的决定》第二次修正）

中华人民共和国国徽法

（1991年3月2日第七届全国人民代表大会常务委员会第十八次会议通过　根据2009年8月27日第十一届全国人民代表大会常务委员会第十次会议《关于修改部分法律的决定》第一次修正　根据2020年10月17日第十三届全国人民代表大会常务委员会第二十二次会议《关于修改〈中华人民共和国国徽法〉的决定》第二次修正）

中华人民共和国国歌法

（2017年9月1日第十二届全国人民代表大会常务委员会第二十九次会议通过　2017年9月1日中华人民共和国主席令第75号公布　自2017年10月1日起施行）

全国人民代表大会常务委员会关于实行宪法宣誓制度的决定

（2015年7月1日第十二届全国人民代表大会常务委员会第十五次会议通过　2018年2月24日第十二届全国人民代表大会常务委员会第三十三次会议修订）

中国法律史

第一章　先秦时期的法律思想与制度

基本要求

理解：先秦时期法律思想与制度的主要内容，这一时期的司法制度，同时期西方法文化概况。

熟悉：西周婚姻继承法律制度，《法经》的主要内容与结构，并能够分析借鉴。

考试内容

第一节　西周时期的法律思想与制度

法律思想（以德配天　明德慎罚　出礼入刑）　主要法制内容（五刑　契约　西周婚姻六礼　嫡长子继承）　司法制度（大司寇　五听　三宥　三赦　三刺）

第二节　春秋战国时期的法律思想与制度

铸刑书与铸刑鼎　《法经》（盗、贼、囚、捕、杂、具）　商鞅变法与法家思想的特点（以法治国　轻罪重刑　刑无等级）

第二章　秦汉至魏晋南北朝时期的法律思想与制度

基本要求

理解：秦汉至魏晋南北朝时期的法律思想与制度的主要内容，这一时期的司法制度与法律思想、律学的影响，秋冬行刑，八议，五服制罪，同时期西方法文化概况等相关内容。

熟悉：汉代亲亲得首匿原则，春秋决狱，并能够分析借鉴。

考试内容

第一节　秦汉时期的法律思想与制度

秦汉律的主要内容（罪名与刑罚　文景帝废肉刑）　汉代亲亲得首匿原则　春秋决狱

第二节　魏晋南北朝时期的法律思想与制度

魏晋南北朝时期法典的发展变化（名例律　八议　重罪十条　五服制罪）　刑罚制度（死刑上奏　流刑分等　废除宫刑）　大理寺

第三章　隋唐宋元时期的法律思想与制度

基本要求

理解：隋唐宋元时期法律思想与制度的主要内容，这一时期的司法制度。关注中华法系，立法思想与刑罚原则，同时期西方法文化概况等相关内容。

熟悉：六赃，契约与婚姻继承法规，翻异别勘，并能够分析借鉴。

考试内容

第一节　隋唐时期的法律思想与制度

永徽律疏与中华法系　十恶　六赃（受财枉法　受财不枉法）　保辜　五刑与刑罚原则（公罪与私罪　自首与类推　化外人）　礼律合一

第二节　宋元时期的法律思想与制度

宋刑统与编敕　罪名与刑罚（折杖法　刺配　凌迟）　契约与婚姻继承法规（绝卖　义绝　户绝）　司法制度（大理寺　刑部　御史台　提点刑狱司　翻异别勘）　元代四等人制度

第四章　明清时期的法律思想与制度

基本要求

理解：明清时期主要的法律思想与制度内容，这一时期的司法制度，清末修律的主要内容。关注法律思想，明代厂卫司法，清律与例，清末“预备立宪”，同时期西方法文化概况等相关内容。

熟悉：清末时期的宪法性文件，清末司法体制的变化，并能够分析借鉴。

考试内容

第一节 明至清中期的法律思想与制度

明清时期的立法（《大明律》《大清律例》 条例与则例） 立法思想与刑罚原则（明刑弼教 重其所重，轻其所轻） 罪名与刑罚（故杀与谋杀） 司法制度（刑部 大理寺 都察院 督抚与提刑按察使司 廷杖与厂卫 清代会审 死刑与复奏）

第二节 清末的法律思想与制度

清末“预备立宪”（《钦定宪法大纲》 “十九信条” 谘议局与资政院） 清末修律主要内容（《大清现行刑律》《大清新刑律》《大清商律草案》《大清民律草案》 诉讼法律与法院编制法） 清末司法体制的变化（大理院 法部 四级三审制 领事裁判权 会审公廨）

第五章 中华民国时期的法律思想与制度

基本要求

理解：中华民国时期的法律思想，北京政府的司法制度，《中华民国民法》，《中华民国刑法》。

熟悉：《修正中华民国临时政府组织大纲》，《中华民国临时约法》，《中华民国宪法（1947）》，南京国民政府的司法制度，并能够分析借鉴。

考试内容

第一节 中华民国时期的法律思想

孙中山的“三民主义” 五权宪法理论

第二节　南京临时政府的法律制度

《修正中华民国临时政府组织大纲》《中华民国临时约法》

第三节　北京政府的法律制度

"天坛宪草"　"袁记约法"　"贿选宪法"

第四节　南京国民政府的法律制度

"六法全书"与判例、解释例　《训政时期约法》　"五五宪草"　《中华民国宪法(1947)》　五院制　立法院　司法院　《中华民国民法》　《中华民国刑法》　"三级三审制"

第六章　新民主主义革命时期民主政权法制

基本要求

理解:新民主主义革命时期民主政权主要宪法性文件,民主政权主要司法制度。

熟悉:《中华苏维埃共和国宪法大纲》,《陕甘宁边区施政纲领》,《陕甘宁边区宪法原则》,马锡五审判方式,并能够分析借鉴。

考试内容

第一节　宪法

《中华苏维埃共和国宪法大纲》《陕甘宁边区施政纲领》《陕甘宁边区宪法原则》

第二节　司法制度

陕甘宁边区高等法院　马锡五审判方式　废除《六法全书》

国 际 法

第一章 导 论

基本要求

理解：国际法的概念和特征，国际法与国内法关系，国际法基本原则的内容及相互关系，中国对国际法的基本立场与贡献，“构建人类命运共同体”对国际法方向的引领。

熟悉：运用国际法的渊源寻找和确定国际法规则，运用国际法原则判定国家行为的合法性，熟悉《中华人民共和国对外关系法》的基本内容。

考试内容

第一节 国际法的概念、渊源和基本原则

国际法的概念和特征 国际法渊源（国际条约 国际习惯 一般法律原则 确立国际法原则的辅助方法） 国际法的基本原则（特征 内容）

第二节 国际法与国内法的关系

国际法与国内法关系概述 国际法在中国国内的适用问题

第二章 国际法的主体与国际法律责任

基本要求

理解：国际法主体的概念和范围，国家的构成要素与类型，关于国家承认与继承的规则，国家的基本权利，国际组织的性质和一般制度，联合国体系，非政府国际组织的一般性质，国际责任的主要形式，国际责任制度的新发展。

熟悉：国家管辖权和主权豁免的规则，国际法律责任的构成和行为不法性的排除，联合国安理会的主要职能。

考试内容

第一节　国际法主体

国际法主体的范围　国家的构成要素与类型（国家的要素　现代国家的主要类型）　国家的基本权利（独立权　平等权　自保权　管辖权）　国家的管辖权与国家主权豁免（国家的管辖权　管辖权的冲突和解决　国家主权豁免）　国际法上的承认与继承（国际法上的承认　国际法上的继承）　国际组织（政府间国际组织及其一般制度　联合国体系　非政府国际组织）

第二节　国际法律责任的构成和形式

国际法律责任的构成（归责原则　国家不法行为的构成要件）　不法性的排除（同意　对抗与自卫　不可抗力和偶然事故　危难或紧急状态）　国际责任的主要形式（终止不法行为　恢复原状　赔偿　道歉　保证不再重犯　限制主权）

第三节　国际责任制度的新发展

国际刑事责任问题　国际赔偿责任问题

第三章　国际法上的空间划分

基本要求

理解：国际法对空间划分的基本思路，各区域的划分方法、范围与相互联系，领土的取得方式，边界和边境制度，两极地区的法律地位，国际环境法的基本原则和各领域的规则框架。

熟悉：有关领土、海洋、航空和外空等各领域的主要国际法规则和制度，国际环境法的主要制度；运用规则对相关领域行为的合法性和责任进行判定。

考试内容

第一节　国家领土

领土和领土主权（领土的构成　领土主权　领土主权的限制　河流制

度） 领土的取得方式（传统国际法的方式　现代国际实践中的新发展） 边界和边境制度（边界　边境制度） 两极地区的法律地位（南极地区　北极地区）

第二节　海洋法

内海及有关制度（领海基线　内海及港口制度） 领海及毗连区（领海及领海制度　毗连区及有关制度） 专属经济区和大陆架（专属经济区及其法律制度　大陆架及其法律制度） 群岛水域和国际海峡（群岛水域　国际海峡） 公海与国际海底区域（公海制度　国际海底区域制度）

第三节　国际航空法与外层空间法

领空及其界限问题（领空的水平界限　领空的垂直界限） 国际航空法体系（国际航空的基本制度　国际民航的损害赔偿责任　国际民航安全制度） 外层空间法律体系（外空活动的主要原则　外空活动的主要法律制度）

第四节　国际环境保护法

国际环境法的原则　国际环境保护的主要制度（大气环境保护　海洋环境保护　自然生态和资源保护　控制危险废物的越境转移）

第四章　国际法上的个人

基本要求

理解：国籍的概念及其在国际法中的意义，外国人待遇的主要模式，出入境和居留的主要规则，国际人权法的体系和机制。

熟悉：国籍获得和变更的主要方式，外交保护的主要规则，引渡及庇护制度，我国《国籍法》和《出境入境管理法》的主要规定。

考试内容

第一节　国籍

国籍的概念　国籍的取得与丧失（国籍的取得　国籍的丧失） 国籍的

冲突和解决　中国国籍法实践

第二节　外国人的法律地位

外国人及其法律地位的概念　入境、居留和出境　外国人的待遇　外交保护（外交保护的性质　外交保护的条件和范围）

第三节　引渡和庇护

引渡　联合国两公约中的引渡规则　庇护

第四节　国际人权法

国际人权条约体系　国际保护人权机制

第五章　外交关系法与领事关系法

基本要求

理解：外交代表机关和领事机构的构成、职务、等级和外交职衔，外交特权豁免的依据。

熟悉：外交特权豁免和领事特权豁免的主要规则，对相关案例正确适用规则作出分析判定。

考试内容

第一节　外交关系法

外交机关（国家中央外交机关　外交代表机关）　外交特权与豁免（使馆的特权与豁免　外交人员的特权与豁免　使馆及享有外交特权与豁免人员的义务）

第二节　领事关系法

领事机构的建立及其职务（领事馆组成及人员派遣　领事职务）　领事特权与豁免（领馆的特权与豁免　领事官员的特权与豁免）

第六章　条　约　法

基本要求

理解：条约的特征，条约成立的实质要件，条约缔结的一般程序，条约的保留，条约修订和条约终止的一般规则。

熟悉：条约的效力，条约的解释，中国缔结条约的国内法程序，对有关条约事务正确适用规则作出判定和处理。

考试内容

第一节　概述

条约的定义和特征　条约成立的实质要件（缔约能力和缔约权　自由同意　符合强行法规则）

第二节　条约的缔结

条约的缔结程序和方式（约文的议定　约文的认证　同意接受条约拘束的表示）　条约的保留（保留的概念与范围　保留的接受　保留的法律效果）

第三节　条约的效力、适用和解释

条约的生效　条约的适用（条约必须遵守原则　条约适用范围　条约的冲突）　条约对第三国的效力　条约的解释（条约解释的一般规则　条约解释的辅助规则）

第四节　条约的修订和终止

条约的修订　条约的终止和暂停施行（条约终止和暂停施行的原因　条约终止和暂停施行的程序及后果）

第七章　国际争端的和平解决

基本要求

理解：解决国际争端的原则和传统方式，和平解决争端政治方法的性质和特点，国际争端解决的法律方法及主要国际司法机构。

熟悉：国际法院的管辖权、诉讼程序和相关规则，对有关事件正确适用规则作出判定。

考试内容

第一节　国际争端与解决方法

国际争端的特点和类型　国际争端的传统解决方式（强制方法　非强制方法）　政治方法和国际组织方式

第二节　国际争端的法律解决方法

仲裁（仲裁的一般规则　国际常设仲裁法院）　司法方式（国际法院　国际海洋法法庭）

第八章　战争与武装冲突法

基本要求

理解：战争与武装冲突法的独到作用与内容体系，战争法律状态的开始、结束与后果，战时中立，国际人道法的基本原则和体系，对战争犯罪惩处的司法实践演变、国际刑事法院的建立和基本状况。

熟悉：国际法对作战手段的限制规则，对战时平民及受难者保护的有关规则。

考试内容

第一节　概述

战争与武装冲突法（战争的概念　战争法体系）　战争状态与战时中立

（战争的开始　战争的结束　战时中立）

第二节　对作战手段的限制和对战时平民及战争受难者的保护

对作战手段和方法的限制　对战时平民和战争受难者的保护

第三节　战争犯罪

战争犯罪的概念　惩罚战争犯罪的主要国际司法实践

附录：法律法规目录

中华人民共和国对外关系法

（2023 年 6 月 28 日第十四届全国人民代表大会常务委员会第三次会议通过　2023 年 6 月 28 日中华人民共和国主席令第 7 号公布　自 2023 年 7 月 1 日起施行）

中华人民共和国外国国家豁免法

（2023 年 9 月 1 日第十四届全国人民代表大会常务委员会第五次会议通过　2023 年 9 月 1 日中华人民共和国主席令第 10 号公布　自 2024 年 1 月 1 日起施行）

中华人民共和国缔结条约程序法

（1990 年 12 月 28 日第七届全国人民代表大会常务委员会第十七次会议通过　1990 年 12 月 28 日中华人民共和国主席令第 37 号公布　自公布之日起施行）

中华人民共和国领海及毗连区法

（1992 年 2 月 25 日第七届全国人民代表大会常务委员会第二十四次会议通过　1992 年 2 月 25 日中华人民共和国主席令第 55 号公布　自公布之日起施行）

中华人民共和国专属经济区和大陆架法

（1998 年 6 月 26 日第九届全国人民代表大会常务委员会第三次会议通过　1998 年 6 月 26 日中华人民共和国主席令第 6 号公布　自公布之日起施行）

中华人民共和国国籍法

（1980 年 9 月 10 日第五届全国人民代表大会第三次会议通过　1980 年 9 月 10 日全国人民代表大会常务委员会委员长令第 8 号公布　自公布之日起施行）

中华人民共和国出境入境管理法

（2012年6月30日第十一届全国人民代表大会常务委员会第二十七次会议通过　2012年6月30日中华人民共和国主席令第57号公布　自2013年7月1日起施行）

中华人民共和国引渡法

（2000年12月28日第九届全国人民代表大会常务委员会第十九次会议通过　2000年12月28日中华人民共和国主席令第42号公布　自公布之日起施行）

司法制度和法律职业道德

第一章　中国特色社会主义司法制度

基本要求

了解或理解：司法的概念，司法功能，中国特色社会主义司法制度，司法公正，独立行使审判权与独立行使检察权，司法效率，法律职业，法律职业道德，审判制度的概念，审判机关，检察制度的概念，检察机关，律师制度概述，法律援助制度，公证制度的概念，公证机构和公证员。

熟悉并能够运用：法官，检察官，律师和律师事务所，公证程序的规定。

考试内容

第一节　中国特色社会主义司法制度概述

司法的概念和特征　司法功能　中国特色社会主义司法制度　司法公正　司法效率　独立行使审判权与独立行使检察权　国家统一法律职业资格考试　法律职业　法律职业道德

第二节　审判制度

审判制度的概念（审判制度的基本原则　主要审判制度）　审判机关（人民法院的设置和业务机构　审判组织）　法官

第三节　检察制度

检察制度的概念（检察制度的基本原则　主要检察制度）　检察机关（人民检察院的设置和工作机构　人民检察院的领导体制）　检察官

第四节　律师制度

律师制度概述（我国律师管理体制）　律师（律师执业许可条件　申请律师执业许可的程序　律师宣誓制度　律师的业务范围　律师的权利

和义务　律师执业的基本原则）律师事务所（律师事务所的性质　律师事务所的分类　律师事务所的设立　律师事务所的管理制度）

第五节　法律援助制度

法律援助制度的概念　法律援助的机构和人员　法律援助的形式和范围　法律援助的程序和实施　法律援助的保障和监督　法律援助的法律责任

第六节　公证制度

公证制度的概念（我国公证管理体制）公证机构和公证员（公证机构的设立　公证业务范围　法定公证制度　公证机构的管理制度　公证执业责任保险　公证员的概念　公证员的条件与任免　公证员的权利和义务）公证程序与公证效力（公证的申请　公证的受理　公证的审查　出具公证书　不予办理公证和终止公证　公证书的认证　公证程序的特别规定　公证登记和立卷归档　证据效力　强制执行效力　法律行为成立要件效力　公证的救济）

第二章　法官职业道德

基本要求

了解或理解：法官职业道德的概念和特征。

熟悉并能够运用：法官职业道德的主要内容，法官职业责任的规定。

考试内容

第一节　法官职业道德概述

法官职业道德的概念和特征　法官职业道德的主要内容（忠诚司法事业　保证司法公正　确保司法廉洁　坚持司法为民　维护司法形象）

第二节　法官职业责任

法官执行职务中违纪行为的责任　法官执行职务中犯罪行为的刑事责任

第三章　检察官职业道德

基本要求

了解或理解：检察官职业道德的概念和特征。

熟悉并能够运用：检察官职业道德的主要内容，检察官职业责任的规定。

考试内容

第一节　检察官职业道德概述

检察官职业道德的概念和特征　检察官职业道德的主要内容（忠诚　为民　担当　公正　廉洁）

第二节　检察官职业责任

检察官执行职务中的司法责任　检察官执行职务中犯罪行为的刑事责任

第四章　律师职业道德

基本要求

了解或理解：律师职业道德的概念和特征。

熟悉并能够运用：律师职业道德的主要内容，律师执业行为的基本规范，律师职业责任。

考试内容

第一节　律师职业道德概述

律师职业道德的概念和特征　律师职业道德的基本准则（忠诚　为民　法治　正义　诚信　敬业）　律师的执业职责

第二节　律师执业行为规范

律师执业基本行为规范　律师业务推广行为规范　律师与委托人或当事人的关系规范　律师参与诉讼或仲裁规范　律师与其他律师的关系规范　律师与所任职的律师事务所关系规范　律师与律师协会关系规范

第三节　律师职业责任

律师执业中违纪行为的处分　律师和律师事务所执业中违法犯罪行为的法律责任

第五章　公证员职业道德

基本要求

了解或理解：公证员职业道德的概念。

熟悉并能够运用：公证员职业道德的主要内容，公证职业责任。

考试内容

第一节　公证员职业道德概述

公证员职业道德的概念　公证员职业道德的主要内容

第二节　公证职业责任

公证员执业中违纪行为的处分　公证机构和公证员执业中违法犯罪行为的法律责任

第六章　其他法律职业人员职业道德

基本要求

了解或理解：法律顾问职业道德的概念，仲裁员职业道德的概念，行政机关中从事行政处罚决定法制审核、行政复议、行政裁决的公务员职业道德的概念。

熟悉并能够运用：法律顾问职业道德的主要内容，法律顾问职业责任，仲裁员职业道德的主要内容，仲裁员职业责任，行政机关中从事行政处罚决定法制审核、行政复议、行政裁决的公务员职业道德的主要内容，行政机关中从事行政处罚决定法制审核、行政复议、行政裁决的公务员职业责任。

考试内容

第一节　法律顾问职业道德

法律顾问职业道德的概念　法律顾问职业道德的主要内容　法律顾问职业责任

第二节　仲裁员职业道德

仲裁员职业道德的概念　仲裁员职业道德的主要内容　仲裁员职业责任

第三节　行政机关中从事行政处罚决定法制审核、行政复议、行政裁决的公务员职业道德

行政机关中从事行政处罚决定法制审核、行政复议、行政裁决的公务员职业道德的概念　行政机关中从事行政处罚决定法制审核、行政复议、行政裁决的公务员职业道德的主要内容　行政机关中从事行政处罚决定法制审核、行政复议、行政裁决的公务员职业责任

附录：法律法规目录

中华人民共和国人民法院组织法

（1979 年 7 月 1 日第五届全国人民代表大会第二次会议通过　根据 1983 年 9 月 2 日第六届全国人民代表大会常务委员会第二次会议《关于修改〈中华人民共和国人民法院组织法〉的决定》第一次修正　根据 1986 年 12 月 2 日第六届全国人民代表大会常务委员会第十八次会议《关于修改〈中华人民共和国地方各级人民代表大会和地方各级人民政府组织法〉的决定》第二次修正　根据 2006 年 10 月 31 日第十届全国人民代表大会常务委员会第二十四次会议《关于修改〈中华人民共和国人民法院组织法〉的决定》第三次修正　2018 年 10 月

26日第十三届全国人民代表大会常务委员会第六次会议修订）

中华人民共和国法官法

（1995年2月28日第八届全国人民代表大会常务委员会第十二次会议通过　根据2001年6月30日第九届全国人民代表大会常务委员会第二十二次会议《关于修改〈中华人民共和国法官法〉的决定》第一次修正　根据2017年9月1日第十二届全国人民代表大会常务委员会第二十九次会议《关于修改〈中华人民共和国法官法〉等八部法律的决定》第二次修正　2019年4月23日第十三届全国人民代表大会常务委员会第十次会议修订）

中华人民共和国法官职业道德基本准则

（2001年10月18日最高人民法院发布　2010年12月6日修订后重新发布）法发〔2010〕53号

中华人民共和国人民检察院组织法

（1979年7月1日第五届全国人民代表大会第二次会议通过　根据1983年9月2日第六届全国人民代表大会常务委员会第二次会议《关于修改〈中华人民共和国人民检察院组织法〉的决定》第一次修正　根据1986年12月2日第六届全国人民代表大会常务委员会第十八次会议《关于修改〈中华人民共和国地方各级人民代表大会和地方各级人民政府组织法〉的决定》第二次修正　2018年10月26日第十三届全国人民代表大会常务委员会第六次会议修订）

中华人民共和国检察官法

（1995年2月28日第八届全国人民代表大会常务委员会第十二次会议通过　根据2001年6月30日第九届全国人民代表大会常务委员会第二十二次会议《关于修改〈中华人民共和国检察官法〉的决定》第一次修正　根据2017年9月1日第十二届全国人民代表大会常务委员会第二十九次会议《关于修改〈中华人民共和国法官法〉等八部法律的决定》第二次修正　2019年4月23日第十三届全国人民代表大会常务委员会第十次会议修订）

中华人民共和国检察官职业道德基本准则

（2016年11月4日最高人民检察院第十二届检察委员会第五十七次会议通过　自2016年11月23日起施行）　高检发〔2016〕18号

最高人民法院、最高人民检察院、司法部关于建立健全禁止法官、检察官与律师不正当接触交往制度机制的意见

（2021年9月30日）

最高人民法院、最高人民检察院、司法部关于进一步规范法院、检察院离任人员从事律师职业的意见

（2021 年 9 月 30 日）

中华人民共和国律师法

（1996 年 5 月 15 日第八届全国人民代表大会常务委员会第十九次会议通过　根据 2001 年 12 月 29 日第九届全国人民代表大会常务委员会第二十五次会议《关于修改〈中华人民共和国律师法〉的决定》第一次修正　2007 年 10 月 28 日第十届全国人民代表大会常务委员会第三十次会议修订　根据 2012 年 10 月 26 日第十一届全国人民代表大会常务委员会第二十九次会议《关于修改〈中华人民共和国律师法〉的决定》第二次修正　根据 2017 年 9 月 1 日第十二届全国人民代表大会常务委员会第二十九次会议《关于修改〈中华人民共和国法官法〉等八部法律的决定》第三次修正）

律师事务所管理办法

（2008 年 7 月 18 日司法部令第 111 号公布　2012 年 11 月 30 日司法部令第 125 号修正　2016 年 9 月 6 日司法部令第 133 号修订　2018 年 12 月 5 日司法部令第 142 号修正）

律师执业管理办法

（2008 年 7 月 18 日司法部令第 112 号公布　2016 年 9 月 18 日司法部令第 134 号修订）

律师和律师事务所违法行为处罚办法

（2010 年 4 月 8 日司法部令第 122 号公布）

律师职业道德基本准则

（2014 年 6 月 5 日中华全国律师协会发布）

律师执业行为规范（试行）

（2004 年 3 月 20 日第五届中华全国律师协会第九次常务理事会审议通过试行　2009 年 12 月 27 日第七届中华全国律师协会第二次常务理事会修订　2017 年 1 月 8 日第九届中华全国律师协会常务理事会第二次会议审议通过）

律师协会会员违规行为处分规则（试行）

（1999 年 12 月 18 日第四届全国律协常务理事会第五次会议审议通过　2004 年 3 月 20 日第五届全国律协常务理事会第九次会议修订　2017 年 1 月 8 日第九届全国律协常务理事会第二次会议修订）

中华人民共和国法律援助法

（2021 年 8 月 20 日第十三届全国人民代表大会常务委员会第三十次会议通过　2021 年 8 月 20 日中华人民共和国主席令第 93 号公布　自 2022 年 1 月 1 日起施行）

法律援助法实施工作办法

（2023 年 11 月 20 日最高人民法院、最高人民检察院、公安部、司法部联合发布）

法律援助值班律师工作办法

（2020 年 8 月 20 日）　司规〔2020〕6 号

中华人民共和国公证法

（2005 年 8 月 28 日第十届全国人民代表大会常务委员会第十七次会议通过　根据 2015 年 4 月 24 日第十二届全国人民代表大会常务委员会第十四次会议《关于修改〈中华人民共和国义务教育法〉等五部法律的决定》第一次修正　根据 2017 年 9 月 1 日第十二届全国人民代表大会常务委员会第二十九次会议《关于修改〈中华人民共和国法官法〉等八部法律的决定》第二次修正）

公证机构执业管理办法

（2006 年 2 月 23 日司法部令第 101 号公布）

公证员执业管理办法

（2006 年 3 月 14 日司法部令第 102 号公布）

公证员职业道德基本准则

（2011 年 1 月 6 日　中国公证协会修订后重新发布）

中华人民共和国公职人员政务处分法

（2020 年 6 月 20 日第十三届全国人民代表大会常务委员会第十九次会议通过　2020 年 6 月 20 日中华人民共和国主席令第 46 号公布　自 2020 年 7 月 1 日起施行）

刑　法

上编　总　论

第一章　刑法概说

基本要求

理解：刑法的概念、性质、任务和机能，刑法的基本原则，刑法的适用范围。

熟悉并能够运用：罪刑法定原则的具体要求，常见解释方法的运用，扩大解释和类推适用的区分，刑法的空间效力，刑法的溯及力。

考试内容

第一节　刑法的概念、性质、任务和机能

刑法的概念　刑法的性质　刑法的任务　刑法的机能

第二节　刑法的基本原则

罪刑法定原则　平等适用刑法原则　罪刑相适应原则

第三节　刑法的适用范围

刑法的空间效力（刑法的空间效力的概念　对国内犯的适用原则　对国外犯的适用原则　对外国刑事判决的承认）　刑法的时间效力（刑法的时间效力的概念　刑法的溯及力）

第二章　犯罪概说

基本要求

理解：犯罪的概念，犯罪的本质特征与法律特征之间的关系，犯罪的分类。

熟悉并能够运用：犯罪的基本特征，结果加重犯和状态犯。

考试内容

第一节 犯罪的概念

社会危害性　刑事违法性　应受刑罚处罚性

第二节 犯罪的分类

自然犯、法定犯　亲告罪、非亲告罪　危害国家安全罪、普通刑事罪
基本犯、结果加重犯　即成犯、状态犯和继续犯

第三章 犯罪构成

基本要求

理解：犯罪构成的概念，犯罪构成与犯罪概念的关系，犯罪构成的分类，构成要件要素的分类，犯罪构成的特点，犯罪构成四个要件的具体内容。

熟悉并能够运用：作为，不作为，因果关系，刑事责任能力，刑事责任年龄，故意，过失，认识错误的处理。

考试内容

第一节 犯罪构成概述

犯罪构成的概念（犯罪构成的法定性　犯罪构成的主客观统一性　犯罪构成与社会危害性的统一性　犯罪构成的重要性）　犯罪构成的分类　犯罪构成要件

第二节 犯罪客体

犯罪客体的概念　犯罪客体的分类　确定直接客体的方法　犯罪客体与犯罪对象的关系

第三节 犯罪客观要件

犯罪客观要件概述　危害行为（作为　不作为）　危害结果（危害结果

的特征　危害结果的种类　危害结果的意义）行为的时间、地点与方法　刑法上的因果关系（刑法上因果关系的概念　刑法上因果关系的认定　不作为犯的因果关系　刑法上因果关系与刑事责任）

第四节　犯罪主体

犯罪主体概述　自然人犯罪主体（刑事责任年龄　刑事责任能力　特殊身份）

第五节　犯罪主观要件

犯罪主观要件概述　犯罪故意（故意的认识因素　故意的意志因素　故意的认定　事实认识错误）犯罪过失（过失的概念　过失的种类　过失的认定）犯罪主观要件的其他问题（无罪过事件　犯罪的动机、目的）

第四章　犯罪排除事由

基本要求

理解：犯罪排除事由的概念、特征与种类，正当防卫、紧急避险以及其他犯罪排除事由的本质、成立条件。

熟悉并能够运用：正当防卫与紧急避险的成立条件，特殊正当防卫，防卫过当、避险过当及其刑事责任，被害人承诺的成立条件。

考试内容

第一节　犯罪排除事由概述

犯罪排除事由的概念　犯罪排除事由的分类

第二节　正当防卫

正当防卫的概念　正当防卫的构成（防卫起因　防卫对象　防卫意图　防卫时间　防卫限度）防卫过当及其刑事责任　特殊正当防卫

第三节　紧急避险

紧急避险的概念　紧急避险的构成（避险起因　避险对象　避险意图　避险时间　避险可行性　避险限度）避险过当及其刑事责任

第四节　其他犯罪排除事由

法令行为　正当业务行为　被害人承诺　自救行为

第五章　犯罪未完成形态

基本要求

理解：犯罪未完成形态的概念及其与完成形态的关系，犯罪预备、犯罪未遂与犯罪中止的成立条件及其刑事责任。

熟悉并能够运用：犯罪预备、犯罪未遂及犯罪中止的成立条件及其相互区分。

考试内容

第一节　犯罪未完成形态概述

犯罪未完成形态的概念　犯罪未完成形态与犯罪阶段的关系　犯罪未完成形态与犯罪构成的关系

第二节　犯罪预备

犯罪预备的概念与特征（主观上为了犯罪　客观上实施了犯罪预备行为　事实上未能着手实行犯罪　未能着手实行犯罪是由于行为人意志以外的原因）犯罪预备与犯意表示的区别　预备犯的刑事责任

第三节　犯罪未遂

犯罪未遂的概念与特征（已经着手实行犯罪　犯罪未得逞　犯罪未得逞是由于犯罪分子意志以外的原因）犯罪未遂的类型（实行终了的未遂与未实行终了的未遂　能犯未遂与不能犯未遂）未遂犯的刑事责任

第四节　犯罪中止

犯罪中止的概念　犯罪中止的特征(中止的时间性　中止的自动性　中止的客观性　中止的有效性)　中止犯的刑事责任

第六章　共同犯罪

基本要求

理解:共同犯罪的概念及其与犯罪构成的关系,共同犯罪的成立条件,共同犯罪的不同形态,共犯人的分类,共同犯罪的特殊问题。

熟悉并能够运用:共同犯罪的法律规定与共同犯罪理论。

考试内容

第一节　共同犯罪概述

共同犯罪的概念　共同犯罪与犯罪构成的关系

第二节　共同犯罪的成立条件

必须二人以上　必须有共同故意　必须有共同行为

第三节　共同犯罪的形式

任意共同犯罪与必要共同犯罪　事前通谋的共同犯罪与事前无通谋的共同犯罪　简单共同犯罪与复杂共同犯罪　一般共同犯罪与特殊共同犯罪

第四节　共犯人的分类及其刑事责任

主犯及其刑事责任(主犯的概念与种类　主犯与首要分子的关系　主犯的刑事责任)　从犯及其刑事责任　胁从犯及其刑事责任　教唆犯及其刑事责任(教唆犯的概念与成立条件　教唆犯的认定　教唆犯的处罚)

第五节　共同犯罪的特殊问题

共同犯罪与身份　共同犯罪的认识错误　共同犯罪与犯罪形态

第七章　单 位 犯 罪

基本要求

理解：单位犯罪的概念，单位犯罪的定罪与处罚。

熟悉并能够运用：单位犯罪的判断及处罚。

考试内容

第一节　单位犯罪概述

单位犯罪的概念　单位犯罪的特点

第二节　单位犯罪的定罪

单位犯罪的主体要件　单位犯罪的客观要件　单位犯罪的主观要件

第三节　单位犯罪的处罚

单位犯罪的处罚根据　单位犯罪的处罚原则

第八章　罪 数 形 态

基本要求

理解：区分罪数的意义，罪数的区分标准与区分方法。

熟悉并能够运用：实质的一罪、法定的一罪、处断的一罪中各种具体罪数形态的特征与处理原则。

考试内容

第一节　罪数的区分

区分罪数的意义　区分罪数的标准

第二节　实质的一罪

继续犯　法条竞合犯　想象竞合犯　结果加重犯

第三节　法定的一罪

结合犯　集合犯

第四节　处断的一罪

连续犯　吸收犯　牵连犯

第九章　刑 罚 概 说

基本要求

理解：刑罚的概念，刑罚目的的具体内容，特殊预防与一般预防的关系。

考试内容

第一节　刑罚的概念

刑罚的概念

第二节　刑罚的目的

刑罚目的的概念　特殊预防　一般预防　特殊预防和一般预防的关系

第十章　刑 罚 种 类

基本要求

理解：主刑和附加刑的概念，各种主刑和附加刑的具体内容，非刑罚处罚措施的种类。

熟悉并能够运用：各种主刑（尤其是死刑）、附加刑的适用条件及刑期计算，从业禁止。

考试内容

第一节　主刑

管制　拘役　有期徒刑　无期徒刑　死刑（死刑的概念　死刑的适用　死刑缓期执行）

第二节　附加刑

罚金　剥夺政治权利（剥夺政治权利的概念　剥夺政治权利的适用　剥夺政治权利的期限）　没收财产　驱逐出境

第三节　非刑罚处罚措施

从业禁止

第十一章　刑罚裁量

基本要求

理解：量刑概念、原则，从重、从轻、减轻与免除处罚的基本含义，酌定量刑情节，量刑情节的适用，累犯、自首、坦白、立功、数罪并罚、缓刑。

熟悉并能够运用：累犯、自首、坦白、立功、缓刑的成立条件及其法律效果，数罪并罚的具体运用。

考试内容

第一节　量刑概述

量刑概念　量刑原则（以犯罪事实为根据　以刑事法律为准绳）

第二节　量刑情节

量刑情节的概念　量刑情节的分类（法定量刑情节　酌定量刑情节）　量刑情节的适用（数个量刑情节的适用　多功能情节的适用）　累犯（累犯的概念　一般累犯　特别累犯　对累犯的处罚）　自首（自首的

概念　一般自首　特别自首　自首的处罚）坦白　立功

第三节　量刑制度

数罪并罚制度（数罪并罚的概念　数罪并罚的原则　数罪并罚的适用）　缓刑制度（缓刑的概念　缓刑的适用条件　缓刑的考验期限与考察　缓刑考验期满与缓刑撤销）

第十二章　刑罚执行

基本要求

理解：减刑、假释的概念，减刑、假释的条件，减刑、假释的程序，减刑的限度与幅度，减刑后的刑期计算方法，假释考验期限与假释的撤销。

熟悉并能够运用：减刑和假释的条件，假释的考验期限与假释的撤销条件。

考试内容

第一节　减刑制度

减刑的概念　减刑的条件（对象条件　实质条件）减刑的限度与幅度　减刑的程序、效力与减刑后的刑期计算

第二节　假释制度

假释的概念　假释的条件（对象条件　限制条件　实质条件）假释的程序　假释考验期限与假释的撤销

第十三章　刑罚消灭

基本要求

理解：刑罚消灭的概念，刑罚消灭的事由，时效的内容，赦免的概念与我国特赦制度的特点。

熟悉并能够运用：追诉时效的计算方法（特别是追诉时效的中断和延长）。

考试内容

第一节　刑罚消灭概述

刑罚消灭的概念　刑罚消灭的事由

第二节　时效

时效概述　追诉时效的期限　追诉期限的计算（一般犯罪追诉期限的计算　连续或继续犯罪追诉期限的计算　追诉时效的延长　追诉时效的中断）

第三节　赦免

赦免的概念　我国特赦制度的特点

下编　分　　论

第十四章　罪刑各论概说

基本要求

理解：刑法分则体系的概念与特点，罪状、罪名、法定刑的概念与分类。
熟悉并能够运用：罪状的识别、罪名的适用。

考试内容

第一节　刑法分则的体系

刑法分则体系的概念　刑法分则体系的特点

第二节　刑法分则的条文结构

罪状　罪名（类罪名与具体罪名　单一罪名与选择罪名、概括罪名）　法定刑（法定刑的概念　法定刑的种类　法定刑与宣告刑的区别）

第十五章　危害国家安全罪

基本要求

理解：危害国家安全罪中具体犯罪的概念、犯罪构成、犯罪认定中的各种问题。

熟悉并能够运用：危害国家安全罪中各种具体犯罪的认定。

考试内容

资助危害国家安全犯罪活动罪　叛逃罪　间谍罪　为境外窃取、刺探、收买、非法提供国家秘密、情报罪

第十六章　危害公共安全罪

基本要求

理解：危害公共安全罪中具体犯罪的概念、犯罪构成、犯罪认定中的各种问题。

熟悉并能够运用：危害公共安全罪中各种具体犯罪的认定，相关犯罪的区分。

考试内容

放火罪　爆炸罪　投放危险物质罪　以危险方法危害公共安全罪　失火罪　破坏交通工具罪　破坏交通设施罪　破坏电力设备罪　破坏易燃易爆设备罪　组织、领导、参加恐怖组织罪　帮助恐怖活动罪　准备实施恐怖活动罪　劫持船只、汽车罪　非法制造、买卖、运输、邮寄、储存枪支、弹药、爆炸物罪　非法制造、买卖、运输、储存危险物质罪　盗窃、抢夺枪支、弹药、爆炸物、危险物质罪　非法持有、私藏枪支、弹药罪　非法出租、出借枪支罪　丢失枪支不报罪　交通肇事罪　危险驾驶罪　妨害安全驾驶罪　重大责任事故罪　危险作业罪　不报、谎报安全事故罪

第十七章　破坏社会主义市场经济秩序罪

第一节　生产、销售伪劣商品罪

基本要求

理解：生产、销售伪劣商品罪中具体犯罪的概念、犯罪构成、犯罪认定中的各种问题。

熟悉并能够运用：生产、销售伪劣商品罪中各种具体犯罪的认定，犯罪竞合的处理。

考试内容

生产、销售伪劣产品罪　生产、销售、提供假药罪　生产、销售、提供劣药罪　妨害药品管理罪　生产、销售不符合安全标准的食品罪　生产、销售有毒、有害食品罪　生产、销售不符合安全标准的产品罪

第二节　走私罪

基本要求

理解：走私罪中具体犯罪的概念、犯罪构成、犯罪认定中的各种问题。

熟悉并能够运用：走私罪中各种具体犯罪的认定。

考试内容

走私武器、弹药罪　走私假币罪　走私文物罪　走私贵重金属罪　走私国家禁止进出口的货物、物品罪　走私淫秽物品罪　走私普通货物、物品罪

第三节　妨害对公司、企业的管理秩序罪

基本要求

理解：妨害对公司、企业的管理秩序罪中具体犯罪的概念、犯罪构成、犯罪

认定中的各种问题。

熟悉并能够运用：妨害对公司、企业的管理秩序罪中各种具体犯罪的认定。

考试内容

非国家工作人员受贿罪　对非国家工作人员行贿罪　非法经营同类营业罪　为亲友非法牟利罪　签订、履行合同失职被骗罪　徇私舞弊低价折股、出售公司、企业资产罪

第四节　破坏金融管理秩序罪

基本要求

理解：破坏金融管理秩序罪中具体犯罪的概念、犯罪构成、犯罪认定中的各种问题。

熟悉并能够运用：破坏金融管理秩序罪中各种具体犯罪的认定。

考试内容

伪造货币罪　出售、购买、运输假币罪　持有、使用假币罪　变造货币罪　高利转贷罪　骗取贷款、票据承兑、金融票证罪　非法吸收公众存款罪　伪造、变造金融票证罪　妨害信用卡管理罪　窃取、收买、非法提供信用卡信息罪　内幕交易、泄露内幕信息罪　违法发放贷款罪　吸收客户资金不入账罪　洗钱罪

第五节　金融诈骗罪

基本要求

理解：金融诈骗罪中具体犯罪的概念、犯罪构成、犯罪认定中的各种问题。

熟悉并能够运用：金融诈骗罪中各种具体犯罪的认定，相关犯罪的区分。

考试内容

集资诈骗罪　贷款诈骗罪　票据诈骗罪　金融凭证诈骗罪　信用卡诈骗罪　保险诈骗罪

第六节　危害税收征管罪

基本要求

理解：危害税收征管罪中具体犯罪的概念、犯罪构成、犯罪认定中的各种问题。

熟悉并能够运用：危害税收征管罪中各种具体犯罪的认定。

考试内容

逃税罪　抗税罪　逃避追缴欠税罪　骗取出口退税罪　虚开增值税专用发票、用于骗取出口退税、抵扣税款发票罪　伪造、出售伪造的增值税专用发票罪　非法出售增值税专用发票罪

第七节　侵犯知识产权罪

基本要求

理解：侵犯知识产权罪中具体犯罪的概念、犯罪构成、犯罪认定中的各种问题。

熟悉并能够运用：侵犯知识产权罪中各种具体犯罪的认定。

考试内容

假冒注册商标罪　销售假冒注册商标的商品罪　假冒专利罪　侵犯著作权罪　销售侵权复制品罪　侵犯商业秘密罪　为境外窃取、刺探、收买、非法提供商业秘密罪

第八节　扰乱市场秩序罪

基本要求

理解：扰乱市场秩序罪中具体犯罪的概念、犯罪构成、犯罪认定中的各种问题。

熟悉并能够运用：扰乱市场秩序罪中各种具体犯罪的认定。

考试内容

损害商业信誉、商品声誉罪　虚假广告罪　串通投标罪　合同诈骗罪　组织、领导传销活动罪　非法经营罪　强迫交易罪　提供虚假证明

文件罪

第十八章　侵犯公民人身权利、民主权利罪

基本要求

理解：侵犯公民人身权利、民主权利罪中具体犯罪的概念、犯罪构成、犯罪认定中的各种问题。

熟悉并能够运用：侵犯公民人身权利、民主权利罪中各种具体犯罪的认定，相关犯罪的区分。

考试内容

故意杀人罪　过失致人死亡罪　故意伤害罪　组织出卖人体器官罪　过失致人重伤罪　强奸罪　负有照护职责人员性侵罪　强制猥亵、侮辱罪　猥亵儿童罪　非法拘禁罪　绑架罪　拐卖妇女、儿童罪　收买被拐卖的妇女、儿童罪　诬告陷害罪　强迫劳动罪　雇用童工从事危重劳动罪　非法搜查罪　非法侵入住宅罪　侮辱罪　诽谤罪　刑讯逼供罪　暴力取证罪　虐待被监管人罪　侵犯通信自由罪　侵犯公民个人信息罪　暴力干涉婚姻自由罪　重婚罪　破坏军婚罪　虐待罪　虐待被监护、看护人罪　遗弃罪　拐骗儿童罪　组织未成年人进行违反治安管理活动罪

第十九章　侵犯财产罪

基本要求

理解：侵犯财产罪中具体犯罪的概念、犯罪构成、犯罪认定中的各种问题。

熟悉并能够运用：侵犯财产罪中各种具体犯罪的认定，相关犯罪的区分。

考试内容

抢劫罪　盗窃罪　诈骗罪　抢夺罪　侵占罪　职务侵占罪　挪用资金

罪　挪用特定款物罪　敲诈勒索罪　故意毁坏财物罪　破坏生产经营罪　拒不支付劳动报酬罪

第二十章　妨害社会管理秩序罪

第一节　扰乱公共秩序罪

基本要求

理解：扰乱公共秩序罪中具体犯罪的概念、犯罪构成、犯罪认定中的各种问题。

熟悉并能够运用：扰乱公共秩序罪中各种具体犯罪的认定。

考试内容

妨害公务罪　袭警罪　招摇撞骗罪　伪造、变造、买卖国家机关公文、证件、印章罪　盗窃、抢夺、毁灭国家机关公文、证件、印章罪　伪造公司、企业、事业单位、人民团体印章罪　伪造、变造、买卖身份证件罪　冒名顶替罪　非法获取国家秘密罪　组织考试作弊罪　非法出售、提供试题、答案罪　代替考试罪　非法侵入计算机信息系统罪　非法获取计算机信息系统数据、非法控制计算机信息系统罪　提供侵入、非法控制计算机信息系统程序、工具罪　破坏计算机信息系统罪　非法利用信息网络罪　帮助信息网络犯罪活动罪　聚众扰乱社会秩序罪　聚众扰乱公共场所秩序、交通秩序罪　编造、故意传播虚假恐怖信息罪　编造、故意传播虚假信息罪　高空抛物罪　聚众斗殴罪　寻衅滋事罪　组织、领导、参加黑社会性质组织罪　包庇、纵容黑社会性质组织罪　传授犯罪方法罪　赌博罪　开设赌场罪

第二节　妨害司法罪

基本要求

理解：妨害司法罪中具体犯罪的概念、犯罪构成、犯罪认定中的各种问题。

熟悉并能够运用：妨害司法罪中各种具体犯罪的认定。

考试内容

伪证罪　妨害作证罪　帮助毁灭、伪造证据罪　虚假诉讼罪　窝藏、包庇罪　掩饰、隐瞒犯罪所得、犯罪所得收益罪　拒不执行判决、裁定罪　非法处置查封、扣押、冻结的财产罪　破坏监管秩序罪　脱逃罪

第三节　妨害国（边）境管理罪

基本要求

理解：妨害国（边）境管理罪中具体犯罪的概念、犯罪构成、犯罪认定中的各种问题。

熟悉并能够运用：妨害国（边）境管理罪中各种具体犯罪的认定。

考试内容

组织他人偷越国（边）境罪　运送他人偷越国（边）境罪　偷越国（边）境罪

第四节　妨害文物管理罪

基本要求

理解：妨害文物管理罪中具体犯罪的概念、犯罪构成、犯罪认定中的各种问题。

熟悉并能够运用：妨害文物管理罪中各种具体犯罪的认定。

考试内容

故意损毁文物罪　倒卖文物罪　盗掘古文化遗址、古墓葬罪　抢夺、窃取国有档案罪

第五节　危害公共卫生罪

基本要求

理解：危害公共卫生罪中具体犯罪的概念、犯罪构成、犯罪认定中的各种问题。

熟悉并能够运用：危害公共卫生罪中各种具体犯罪的认定。

考试内容

妨害传染病防治罪　非法组织卖血罪　强迫卖血罪　医疗事故罪　非法行医罪

第六节　破坏环境资源保护罪

基本要求

理解：破坏环境资源保护罪中具体犯罪的概念、犯罪构成、犯罪认定中的各种问题。

熟悉并能够运用：破坏环境资源保护罪中各种具体犯罪的认定。

考试内容

污染环境罪　非法捕捞水产品罪　危害珍贵、濒危野生动物罪　非法狩猎罪　盗伐林木罪　滥伐林木罪

第七节　走私、贩卖、运输、制造毒品罪

基本要求

理解：走私、贩卖、运输、制造毒品罪中具体犯罪的概念、犯罪构成、犯罪认定中的各种问题。

熟悉并能够运用：走私、贩卖、运输、制造毒品罪中各种具体犯罪的认定。

考试内容

走私、贩卖、运输、制造毒品罪　非法持有毒品罪　包庇毒品犯罪分子罪　窝藏、转移、隐瞒毒品、毒赃罪　非法生产、买卖、运输制毒物品罪　非法种植毒品原植物罪　引诱、教唆、欺骗他人吸毒罪　强迫他人吸毒罪　容留他人吸毒罪

第八节　组织、强迫、引诱、容留、介绍卖淫罪

基本要求

理解：组织、强迫、引诱、容留、介绍卖淫罪中具体犯罪的概念、犯罪构成、犯

罪认定中的各种问题。

熟悉并能够运用：组织、强迫、引诱、容留、介绍卖淫罪中各种具体犯罪的认定。

考试内容

组织卖淫罪　强迫卖淫罪　协助组织卖淫罪　引诱、容留、介绍卖淫罪　引诱幼女卖淫罪　传播性病罪

第九节　制作、贩卖、传播淫秽物品罪

基本要求

理解：制作、贩卖、传播淫秽物品罪中具体犯罪的概念、犯罪构成、犯罪认定中的各种问题。

熟悉并能够运用：制作、贩卖、传播淫秽物品罪中各种具体犯罪的认定。

考试内容

制作、复制、出版、贩卖、传播淫秽物品牟利罪　传播淫秽物品罪

第二十一章　危害国防利益罪

基本要求

理解：危害国防利益罪中具体犯罪的概念、犯罪构成。

熟悉并能够运用：危害国防利益罪中各种具体犯罪的认定，本章犯罪与其他犯罪的竞合。

考试内容

阻碍军人执行职务罪　冒充军人招摇撞骗罪　盗窃、抢夺武装部队公文、证件、印章罪

第二十二章　贪污贿赂罪

基本要求

理解：贪污贿赂罪中具体犯罪的概念、犯罪构成、犯罪认定中的各种问题。

熟悉并能够运用：贪污贿赂罪中各种具体犯罪的认定，相关犯罪的区分，罪数的处理。

考试内容

贪污罪　挪用公款罪　受贿罪　单位受贿罪　利用影响力受贿罪　行贿罪　对有影响力的人行贿罪　介绍贿赂罪　巨额财产来源不明罪　私分国有资产罪

第二十三章　渎　职　罪

基本要求

理解：渎职罪中具体犯罪的概念、犯罪构成、犯罪认定中的各种问题。

熟悉并能够运用：渎职罪中各种具体犯罪的认定，相关犯罪的区分，罪数的处理。

考试内容

滥用职权罪　玩忽职守罪　故意泄露国家秘密罪　徇私枉法罪　执行判决、裁定失职罪　执行判决、裁定滥用职权罪　私放在押人员罪　失职致使在押人员脱逃罪　徇私舞弊减刑、假释、暂予监外执行罪　徇私舞弊不移交刑事案件罪　徇私舞弊不征、少征税款罪　放纵走私罪　不解救被拐卖、绑架妇女、儿童罪　帮助犯罪分子逃避处罚罪

第二十四章　军人违反职责罪

基本要求

理解：军人违反职责罪中具体犯罪的概念、犯罪构成。

熟悉并能够运用：军人违反职责罪中各种具体犯罪的认定，本章犯罪与其他犯罪的竞合。

考试内容

为境外窃取、刺探、收买、非法提供军事秘密罪　战时自伤罪

附录：法律法规目录

中华人民共和国刑法

（1979年7月1日第五届全国人民代表大会第二次会议通过　1997年3月14日第八届全国人民代表大会第五次会议修订　1997年3月14日中华人民共和国主席令第83号公布　自1997年10月1日起施行）

中华人民共和国刑法修正案

（1999年12月25日第九届全国人民代表大会常务委员会第十三次会议通过　1999年12月25日中华人民共和国主席令第27号公布　自公布之日起施行）

中华人民共和国刑法修正案(二)

（2001年8月31日第九届全国人民代表大会常务委员会第二十三次会议通过　2001年8月31日中华人民共和国主席令第56号公布　自公布之日起施行）

中华人民共和国刑法修正案(三)

（2001年12月29日第九届全国人民代表大会常务委员会第二十五次会议通过　2001年12月29日中华人民共和国主席令第64号公布　自公布之日起施行）

中华人民共和国刑法修正案(四)

（2002年12月28日第九届全国人民代表大会常务委员会第三十一次会议通过　2002年12月28日中华人民共和国主席令第83号公布　自公布之日起施行）

中华人民共和国刑法修正案（五）

（2005年2月28日第十届全国人民代表大会常务委员会第十四次会议通过　2005年2月28日中华人民共和国主席令第32号公布　自公布之日起施行）

中华人民共和国刑法修正案（六）

（2006年6月29日第十届全国人民代表大会常务委员会第二十二次会议通过　2006年6月29日中华人民共和国主席令第51号公布　自公布之日起施行）

中华人民共和国刑法修正案（七）

（2009年2月28日第十一届全国人民代表大会常务委员会第七次会议通过　2009年2月28日中华人民共和国主席令第10号公布　自公布之日起施行）

中华人民共和国刑法修正案（八）

（2011年2月25日第十一届全国人民代表大会常务委员会第十九次会议通过　2011年2月25日中华人民共和国主席令第41号公布　自2011年5月1日起施行）

中华人民共和国刑法修正案（九）

（2015年8月29日第十二届全国人民代表大会常务委员会第十六次会议通过　2015年8月29日中华人民共和国主席令第30号公布　自2015年11月1日起施行）

中华人民共和国刑法修正案（十）

（2017年11月4日第十二届全国人民代表大会常务委员会第三十次会议通过　2017年11月4日中华人民共和国主席令第80号公布　自公布之日起施行）

中华人民共和国刑法修正案（十一）

（2020年12月26日第十三届全国人民代表大会常务委员会第二十四次会议通过　2020年12月26日中华人民共和国主席令第66号公布　自2021年3月1日起施行）

中华人民共和国刑法修正案（十二）

（2023年12月29日第十四届全国人民代表大会常务委员会第七次会议通过　2023年12月29日中华人民共和国主席令第18号公布　自2024年3月1日起施行）

全国人民代表大会常务委员会关于惩治骗购外汇、逃汇和非法买卖外汇犯罪的决定

（1998年12月29日第九届全国人民代表大会常务委员会第六次会议通过

1998年12月29日中华人民共和国主席令第14号公布）

全国人民代表大会常务委员会关于《中华人民共和国刑法》第九十三条第二款的解释

（2000年4月29日第九届全国人民代表大会常务委员会第十五次会议通过　根据2009年8月27日第十一届全国人民代表大会常务委员会第十次会议《关于修改部分法律的决定》修正）

全国人民代表大会常务委员会关于《中华人民共和国刑法》第二百二十八条、第三百四十二条、第四百一十条的解释

（2001年8月31日第九届全国人民代表大会常务委员会第二十三次会议通过　根据2009年8月27日第十一届全国人民代表大会常务委员会第十次会议《关于修改部分法律的决定》修正）

全国人民代表大会常务委员会关于《中华人民共和国刑法》第二百九十四条第一款的解释

（2002年4月28日第九届全国人民代表大会常务委员会第二十七次会议通过）

全国人民代表大会常务委员会关于《中华人民共和国刑法》第三百八十四条第一款的解释

（2002年4月28日第九届全国人民代表大会常务委员会第二十七次会议通过）

全国人民代表大会常务委员会关于《中华人民共和国刑法》第三百一十三条的解释

（2002年8月29日第九届全国人民代表大会常务委员会第二十九次会议通过）

全国人民代表大会常务委员会关于《中华人民共和国刑法》第九章渎职罪主体适用问题的解释

（2002年12月28日第九届全国人民代表大会常务委员会第三十一次会议通过）

全国人民代表大会常务委员会关于《中华人民共和国刑法》有关出口退税、抵扣税款的其他发票规定的解释

（2005年12月29日第十届全国人民代表大会常务委员会第十九次会议通过）

全国人民代表大会常务委员会关于《中华人民共和国刑法》有关文物的规定适用于具有科学价值的古脊椎动物化石、古人类化石的解释

（2005年12月29日第十届全国人民代表大会常务委员会第十九次会议通过）

全国人民代表大会常务委员会关于《中华人民共和国刑法》第三十条的解释

（2014年4月24日第十二届全国人民代表大会常务委员会第八次会议通过）

全国人民代表大会常务委员会关于《中华人民共和国刑法》第一百五十八条、第一百五十九条的解释

（2014 年 4 月 24 日第十二届全国人民代表大会常务委员会第八次会议通过）

全国人民代表大会常务委员会关于《中华人民共和国刑法》第二百六十六条的解释

（2014 年 4 月 24 日第十二届全国人民代表大会常务委员会第八次会议通过）

全国人民代表大会常务委员会关于《中华人民共和国刑法》第三百四十一条、第三百一十二条的解释

（2014 年 4 月 24 日第十二届全国人民代表大会常务委员会第八次会议通过）

最高人民法院、最高人民检察院、公安部关于依法适用正当防卫制度的指导意见

（2020 年 8 月 28 日） 法发〔2020〕31 号

最高人民法院关于适用财产刑若干问题的规定

（2000 年 11 月 15 日最高人民法院审判委员会第 1139 次会议通过　2000 年 12 月 13 日公布　自 2000 年 12 月 19 日起施行） 法释〔2000〕45 号

最高人民法院关于处理自首和立功具体应用法律若干问题的解释

（1998 年 4 月 6 日最高人民法院审判委员会第 972 次会议通过　1998 年 4 月 17 日公布　自 1998 年 5 月 9 日起施行） 法释〔1998〕8 号

最高人民法院关于处理自首和立功若干具体问题的意见

（2010 年 12 月 22 日） 法发〔2010〕60 号

最高人民法院关于办理减刑、假释案件具体应用法律的规定

（2016 年 9 月 19 日最高人民法院审判委员会第 1693 次会议通过　2016 年 11 月 14 日公布　自 2017 年 1 月 1 日起施行） 法释〔2016〕23 号

最高人民法院关于审理交通肇事刑事案件具体应用法律若干问题的解释

（2000 年 11 月 10 日最高人民法院审判委员会第 1136 次会议通过　2000 年 11 月 15 日公布　自 2000 年 11 月 21 日起施行） 法释〔2000〕33 号

最高人民法院、最高人民检察院关于办理生产、销售伪劣商品刑事案件具体应用法律若干问题的解释

（2001 年 4 月 5 日最高人民法院审判委员会第 1168 次会议、2001 年 3 月 30 日最高人民检察院第九届检察委员会第 84 次会议通过　2001 年 4 月 9 日公布　自 2001 年 4 月 10 日起施行） 法释〔2001〕10 号

最高人民法院、最高人民检察院关于办理危害药品安全刑事案件适用法律若干问题的解释

（2022年2月28日最高人民法院审判委员会第1865次会议、2022年2月25日最高人民检察院第十三届检察委员会第92次会议通过 2022年3月3日公布 自2022年3月6日起施行） 高检发释字〔2022〕1号

最高人民法院、最高人民检察院关于办理妨害信用卡管理刑事案件具体应用法律若干问题的解释

（2009年10月12日最高人民法院审判委员会第1475次会议、2009年11月12日最高人民检察院第十一届检察委员会第22次会议通过 根据2018年7月30日最高人民法院审判委员会第1745次会议、2018年10月19日最高人民检察院第十三届检察委员会第7次会议《关于修改〈关于办理妨害信用卡管理刑事案件具体应用法律若干问题的解释〉的决定》修正） 法释〔2018〕19号

最高人民法院关于审理非法集资刑事案件具体应用法律若干问题的解释

（2010年11月22日最高人民法院审判委员会第1502次会议通过 根据2021年12月30日最高人民法院审判委员会第1860次会议《关于修改〈最高人民法院关于审理非法集资刑事案件具体应用法律若干问题的解释〉的决定》修正） 法释〔2022〕5号

最高人民法院、最高人民检察院关于办理侵犯知识产权刑事案件适用法律若干问题的解释

（2025年4月7日最高人民法院审判委员会第1947次会议、2025年4月11日最高人民检察院第十四届检察委员会第51次会议通过 2025年4月23日公布 自2025年4月26日起施行） 法释〔2025〕5号

最高人民法院关于审理拐卖妇女儿童犯罪案件具体应用法律若干问题的解释

（2016年11月14日最高人民法院审判委员会第1699次会议通过 2016年12月21日公布 自2017年1月1日起施行） 法释〔2016〕28号

最高人民法院关于审理抢劫案件具体应用法律若干问题的解释

（2000年11月17日最高人民法院审判委员会第1141次会议通过 2000年11月22日公布 自2000年11月28日起施行） 法释〔2000〕35号

最高人民法院、最高人民检察院关于办理盗窃刑事案件适用法律若干问题的解释

（2013年3月8日最高人民法院审判委员会第1571次会议、2013年3月18日

最高人民检察院第十二届检察委员会第1次会议通过　2013年4月2日公布　自2013年4月4日起施行）法释〔2013〕8号

最高人民法院、最高人民检察院关于办理诈骗刑事案件具体应用法律若干问题的解释

（2011年2月21日最高人民法院审判委员会第1512次会议、2010年11月24日最高人民检察院第十一届检察委员会第49次会议通过　2011年3月1日公布　自2011年4月8日起施行）法释〔2011〕7号

最高人民法院、最高人民检察院关于办理抢夺刑事案件适用法律若干问题的解释

（2013年9月30日最高人民法院审判委员会第1592次会议、2013年10月22日最高人民检察院第十二届检察委员会第12次会议通过　2013年11月11日公布　自2013年11月18日起施行）法释〔2013〕25号

最高人民法院、最高人民检察院关于办理敲诈勒索刑事案件适用法律若干问题的解释

（2013年4月15日最高人民法院审判委员会第1575次会议、2013年4月1日最高人民检察院第十二届检察委员会第2次会议通过　2013年4月23日公布　自2013年4月27日起施行）法释〔2013〕10号

最高人民法院、最高人民检察院关于办理袭警刑事案件适用法律若干问题的解释

（2024年11月4日最高人民法院审判委员会第1930次会议、2024年6月27日最高人民检察院第十四届检察委员会第32次会议通过　2025年1月15日公布　自2025年1月18日起施行）高检发释字〔2025〕1号

最高人民法院、最高人民检察院关于办理组织考试作弊等刑事案件适用法律若干问题的解释

（2019年4月8日最高人民法院审判委员会第1765次会议、2019年6月28日最高人民检察院第十三届检察委员会第20次会议通过　2019年9月2日公布　自2019年9月4日起施行）法释〔2019〕13号

最高人民法院、最高人民检察院关于办理寻衅滋事刑事案件适用法律若干问题的解释

（2013年5月27日最高人民法院审判委员会第1579次会议、2013年4月28日最高人民检察院第十二届检察委员会第5次会议通过　2013年7月15日公

布　自 2013 年 7 月 22 日起施行）法释〔2013〕18 号

最高人民法院、最高人民检察院、公安部、司法部关于办理黑恶势力犯罪案件若干问题的指导意见

（2018 年 1 月 16 日）法发〔2018〕1 号

最高人民法院、最高人民检察院关于办理赌博刑事案件具体应用法律若干问题的解释

（2005 年 4 月 26 日最高人民法院审判委员会第 1349 次会议、2005 年 5 月 8 日最高人民检察院第十届检察委员会第 34 次会议通过　2005 年 5 月 11 日公布　自 2005 年 5 月 13 日起施行）法释〔2005〕3 号

最高人民法院、最高人民检察院关于办理虚假诉讼刑事案件适用法律若干问题的解释

（2018 年 1 月 25 日最高人民法院审判委员会第 1732 次会议、2018 年 6 月 13 日最高人民检察院第十三届检察委员会第 2 次会议通过　2018 年 9 月 26 日公布　自 2018 年 10 月 1 日起施行）法释〔2018〕17 号

最高人民法院、最高人民检察院关于办理窝藏、包庇刑事案件适用法律若干问题的解释

（2020 年 3 月 2 日最高人民法院审判委员会第 1794 次会议、2020 年 12 月 28 日最高人民检察院第十三届检察委员会第 58 次会议通过　2021 年 8 月 9 日公布　自 2021 年 8 月 11 日起施行）法释〔2021〕16 号

最高人民法院关于审理掩饰、隐瞒犯罪所得、犯罪所得收益刑事案件适用法律若干问题的解释

（2015 年 5 月 11 日最高人民法院审判委员会第 1651 次会议通过　根据 2021 年 4 月 7 日最高人民法院审判委员会第 1835 次会议《关于修改〈关于审理掩饰、隐瞒犯罪所得、犯罪所得收益刑事案件适用法律若干问题的解释〉的决定》修正）法释〔2021〕8 号

最高人民法院关于审理非法行医刑事案件具体应用法律若干问题的解释

（2008 年 4 月 28 日最高人民法院审判委员会第 1446 次会议通过　根据 2016 年 12 月 12 日最高人民法院审判委员会第 1703 次会议《关于修改〈关于审理非法行医刑事案件具体应用法律若干问题的解释〉的决定》修正）法释〔2016〕27 号

最高人民法院、最高人民检察院关于办理环境污染刑事案件适用法律若干问题的解释

（2023年3月27日最高人民法院审判委员会第1882次会议、2023年7月27日最高人民检察院第十四届检察委员会第10次会议通过　2023年8月8日公布　自2023年8月15日起施行）　法释〔2023〕7号

最高人民法院关于审理毒品犯罪案件适用法律若干问题的解释

（2016年1月25日最高人民法院审判委员会第1676次会议通过　2016年4月6日公布　自2016年4月11日起施行）　法释〔2016〕8号

最高人民法院、最高人民检察院关于办理组织、强迫、引诱、容留、介绍卖淫刑事案件适用法律若干问题的解释

（2017年5月8日最高人民法院审判委员会第1716次会议、2017年7月4日最高人民检察院第十二届检察委员会第66次会议通过　2017年7月21日公布　自2017年7月25日起施行）　法释〔2017〕13号

最高人民法院、最高人民检察院关于办理贪污贿赂刑事案件适用法律若干问题的解释

（2016年3月28日最高人民法院审判委员会第1680次会议、2016年3月25日最高人民检察院第十二届检察委员会第50次会议通过　2016年4月18日公布　自2016年4月18日起施行）　法释〔2016〕9号

最高人民法院关于审理挪用公款案件具体应用法律若干问题的解释

（1998年4月6日最高人民法院审判委员会第972次会议通过　1998年4月29日公布　自1998年5月9日起施行）　法释〔1998〕9号

最高人民法院、最高人民检察院关于办理受贿刑事案件适用法律若干问题的意见

（2007年7月8日）　法发〔2007〕22号

最高人民法院、最高人民检察院关于办理渎职刑事案件适用法律若干问题的解释（一）

（2012年7月9日最高人民法院审判委员会第1552次会议、2012年9月12日最高人民检察院第十一届检察委员会第79次会议通过　2012年12月7日公布　自2013年1月9日起施行）　法释〔2012〕18号

刑事诉讼法

第一编 总　论

第一章 刑事诉讼法概述

基本要求

了解或理解：刑事诉讼与刑事诉讼法的概念，我国刑事诉讼法的渊源，刑事诉讼法的制定目的与任务，刑事诉讼法与刑法的关系，刑事诉讼法与法治国家，刑事诉讼的若干基本理念和基本范畴。

熟悉并能够运用：刑事诉讼的基本原理。

考试内容

第一节 刑事诉讼法的概念

狭义与广义的刑事诉讼法　刑事诉讼法的渊源　刑事诉讼法与刑法的关系　刑事诉讼与法治国家

第二节 刑事诉讼法的制定目的与任务

刑事诉讼法的任务

第三节 刑事诉讼的基本理念

惩罚犯罪与保障人权　实体公正与程序公正　诉讼效率

第四节 刑事诉讼的基本范畴

刑事诉讼目的　刑事诉讼价值　刑事诉讼主体　刑事诉讼职能　刑事诉讼构造　刑事诉讼阶段

第二章　刑事诉讼法的基本原则

基本要求

了解或理解：刑事诉讼法基本原则的概念与特点，《刑事诉讼法》规定的主要基本原则的含义、内容和基本要求。

熟悉并能够运用：《刑事诉讼法》以及相关法律解释对基本原则的规定，这些原则的理论基础和具体运用。

考试内容

第一节　基本原则概述

基本原则的概念与特点

第二节　侦查权、检察权、审判权由专门机关依法行使

侦查权、检察权、审判权由专门机关依法行使原则的基本内容

第三节　严格遵守法律程序

严格遵守法律程序原则的基本内容

第四节　人民法院、人民检察院依法独立行使职权

人民法院、人民检察院依法独立行使职权的基本内容

第五节　分工负责、互相配合、互相制约

分工负责、互相配合、互相制约原则的基本内容

第六节　人民检察院依法对刑事诉讼实行法律监督

人民检察院法律监督的基本内容

第七节　各民族公民有权使用本民族语言文字进行诉讼

各民族公民有权使用本民族语言文字进行诉讼原则的基本内容

第八节　犯罪嫌疑人、被告人有权获得辩护

犯罪嫌疑人、被告人有权获得辩护原则的基本含义

第九节　未经人民法院依法判决，对任何人都不得确定有罪

未经人民法院依法判决，对任何人都不得确定有罪原则的基本内容
无罪推定原则

第十节　保障诉讼参与人的诉讼权利

保障诉讼参与人诉讼权利原则的基本内容

第十一节　认罪认罚从宽

认罪认罚从宽原则的基本含义和具体要求

第十二节　具有法定情形不予追究刑事责任

法律规定的六种不予追究刑事责任的情形及处理

第十三节　追究外国人刑事责任适用我国刑事诉讼法

追究外国人刑事责任适用我国刑事诉讼法原则的基本内容

第三章　刑事诉讼中的专门机关和诉讼参与人

基本要求

了解或理解：公安机关、人民检察院、人民法院在刑事诉讼中的职权与组织体系以及各种诉讼参与人的概念，公安机关、人民检察院、人民法院的性质以及各种诉讼参与人在刑事诉讼中的地位及诉讼权利。

熟悉并能够运用：《刑事诉讼法》以及相关法律解释对专门机关在刑事诉讼中的职权以及主要诉讼参与人在刑事诉讼中的诉讼权利的规定。

考试内容

第一节　刑事诉讼中的专门机关

公安机关的性质、组织体系、职权　国家安全机关、军队保卫部门、海警机构、监狱在刑事诉讼中的职权　人民检察院的性质、立场、组织体系、职权　人民法院的性质、组织体系、职权

第二节　诉讼参与人

诉讼参与人的概念、分类　当事人的概念、条件、范围、诉讼权利　其他诉讼参与人的概念、范围　被害人的概念、特点、诉讼权利、诉讼义务　自诉人的概念、特点、诉讼权利、诉讼义务　犯罪嫌疑人、被告人的概念、诉讼地位、诉讼权利、诉讼义务　附带民事诉讼当事人的概念、诉讼权利、诉讼义务　法律对单位犯罪嫌疑人、被告人，单位被害人的特别规定　法定代理人的概念、范围、职责、诉讼权利　诉讼代理人的概念、权限　辩护人的概念　证人的概念、特点、条件，不能作证人的情况，证人的诉讼权利与义务　鉴定人的概念、条件、诉讼权利、诉讼义务和有专门知识的人参与刑事诉讼　翻译人员的概念、条件、诉讼权利、诉讼义务

第四章　管　　辖

基本要求

了解或理解：管辖、立案管辖、审判管辖的概念，划分立案管辖、审判管辖的依据和原则。

熟悉并能够运用：《刑事诉讼法》以及相关法律解释对立案管辖、级别管辖、地区管辖、移送管辖、指定管辖、并案管辖、专门管辖和特殊情况管辖的规定。

考试内容

第一节　立案管辖

立案管辖的概念与划分依据　公安机关立案侦查的刑事案件　国家安全机关、监狱和军队保卫部门立案侦查的案件　监察机关立案调查的

案件　人民检察院立案侦查的刑事案件　人民法院直接受理的刑事案件　管辖权竞合的处理

第二节　审判管辖

级别管辖　地区管辖　专门管辖　移送管辖　指定管辖　并案管辖

第三节　特殊情况的管辖

几种特殊情况的管辖

第五章　回　　避

基本要求

了解或理解：回避的种类、回避的适用人员、回避的理由、回避的决定机关或人员。

熟悉并能够运用：《刑事诉讼法》以及相关法律解释对回避的规定。

考试内容

第一节　回避的理由、种类与适用人员

回避的理由　回避的种类　回避的适用人员

第二节　回避的程序

回避的期间　回避的申请、审查与决定　回避决定的复议

第六章　辩护与代理

基本要求

了解或理解：辩护、辩护权、辩护制度、自行辩护、法律援助辩护、委托辩护、拒绝辩护、法律援助制度、刑事代理制度的概念，刑事代理与辩护的区别，有效辩护原则，辩护人的范围，辩护人的诉讼地位，辩护人的权利，辩护人的义务，辩

护的内容与辩护的种类，刑事代理的种类。

熟悉并能够运用：《刑事诉讼法》以及相关法律解释对辩护与代理的规定。

考试内容

第一节 辩护制度概述

辩护 辩护权 辩护制度 有效辩护原则

第二节 我国辩护制度的基本内容

辩护的种类（自行辩护 委托辩护 法律援助辩护） 值班律师制度（值班律师制度的基本内涵 值班律师的职责与权利） 辩护人的范围与人数 辩护人的诉讼地位 辩护人的职责 辩护人的权利（阅卷权 会见通信权 调查取证权 提出意见权 申诉控告权 人身保障权） 辩护人的义务 拒绝辩护 辩护的内容与分类

第三节 刑事代理

刑事代理的含义 刑事代理与辩护的区别 刑事代理的种类（公诉案件被害人的代理 自诉案件的代理 附带民事诉讼当事人的代理 犯罪嫌疑人、被告人逃匿、死亡案件违法所得没收程序中的代理 依法不负刑事责任的精神病人的强制医疗程序中的代理） 诉讼代理人的范围 诉讼代理人的职责 诉讼代理人的权利

第七章 刑事证据

基本要求

了解或理解：刑事证据，物证，书证，证人证言，犯罪嫌疑人、被告人供述和辩解，被害人陈述，鉴定意见，勘验、检查、辨认、侦查实验等笔录，视听资料，电子数据，以及实物证据、言词证据、原始证据、传来证据、有罪证据、无罪证据、直接证据、间接证据、证明对象、证明责任、证明标准等概念；刑事证据的基本属性；证据裁判原则；自由心证原则；各种证据的特点和相互间的区别；理论上对证据分类的依据及不同分类；刑事证据规则的基本内容。

熟悉并能够运用：非法证据排除规则，共犯口供的适用，证人的保护制度，间接证据、传来证据、言词证据等运用规则，证明责任原理及我国刑事诉讼证明责任的分配，对各种证据的审查认定，证明标准的把握。

考试内容

第一节　刑事证据的概念和基本属性

刑事证据的概念　刑事证据的基本属性　刑事证据制度的基本原则（证据裁判原则　自由心证原则）

第二节　刑事证据的种类与审查认定

证据的法定形式　物证的概念、特点、收集程序、审查认定　书证的概念、特点、与物证的区别联系、收集程序、审查认定　证人证言的概念、特点、收集程序　证人的资格及证人保护　证人证言的审查认定　被害人陈述的概念、特点　犯罪嫌疑人、被告人供述和辩解的概念、特点、审查认定　共犯口供的适用　鉴定意见的概念、特点与运用　专门性问题报告和事故调查报告　鉴定意见的审查认定　勘验、检查、辨认、侦查实验等笔录的概念与审查认定　视听资料、电子数据的概念、特点、审查认定　特殊证据材料的审查认定（技术调查、侦查证据　境外的证据材料　需要见证人在场见证的证据材料　隐蔽性证据　到案经过、抓获经过等证据材料　有关自首、坦白、立功的证据材料　有关被告人具有累犯、毒品再犯情节等的证据材料　有关年龄的证据）

第三节　刑事证据的分类

刑事证据分类的概念　原始证据与传来证据的划分标准与运用　有罪证据与无罪证据的划分标准与运用　言词证据与实物证据的划分标准与运用　直接证据与间接证据的划分标准　运用间接证据定案的规则

第四节　刑事证据规则

刑事证据规则的概念、意义及分类　关联性规则　非法证据排除规则　自白任意规则　传闻证据规则　意见证据规则　补强证据规则　最

佳证据规则

第五节　刑事诉讼证明

刑事诉讼证明的概念　证明对象的概念、内容　证明责任的含义与分担　证明标准的概念、内容

第八章　强制措施

基本要求

了解或理解：强制措施的概念与特点，公民的扭送，适用强制措施的原则和应当考虑的因素，拘留与行政拘留、司法拘留的区别，五种强制措施的适用对象或者条件、适用机关、审批程序和执行程序。

熟悉并能够运用：《刑事诉讼法》以及相关法律解释对强制措施的规定。

考试内容

第一节　强制措施概述

刑事强制措施的概念与特点　适用强制措施的原则和应当考虑的因素　公民的扭送

第二节　拘传

拘传的概念和特点　拘传和传唤的区别　拘传的适用对象、主体与程序

第三节　取保候审

取保候审的概念　取保候审的适用对象　保证人保证与保证金保证　取保候审的决定、申请、执行、解除与期限　被取保候审人的义务及违反义务的处理

第四节　监视居住

监视居住的概念　监视居住的适用对象　住处监视居住与指定居所监视居住　监视居住的决定、执行、解除与期限　执行指定居所监视居

住的特殊规定　被监视居住人的义务以及违反义务的处理

第五节　拘留

拘留的概念　拘留与行政拘留、司法拘留的区别　拘留的适用情形　拘留的决定、执行和期限

第六节　逮捕

逮捕的概念　逮捕的适用情形　不批准逮捕或不予逮捕的情形　逮捕的权限　逮捕的程序（批准和决定程序　执行程序）　羁押必要性审查、评估　逮捕的变更、撤销或解除

第九章　附带民事诉讼

基本要求

了解或理解：附带民事诉讼的概念，附带民事诉讼的赔偿范围与成立条件、当事人资格、提起和审判程序、刑事部分与民事部分的关系。

熟悉并能够运用：《刑事诉讼法》以及相关法律解释对附带民事诉讼的规定。

考试内容

第一节　附带民事诉讼概述

附带民事诉讼的概念　附带民事诉讼的成立条件（成立前提　损失的物质性　物质损失与被告人行为之间的因果关系　不受理附带民事诉讼的情形）

第二节　附带民事诉讼当事人

附带民事诉讼原告人的概念与范围　附带民事诉讼被告人的概念与范围

第三节　附带民事诉讼的提起

附带民事诉讼的提起期间　提起附带民事诉讼的条件与方式　附带民事诉讼的财产保全（诉中财产保全　诉前财产保全）

第四节　附带民事诉讼的审判

附带民事诉讼的审判组织、受理和准备程序　附带民事诉讼调解与审判

第十章　期间、送达

基本要求

理解：期间与期日的区别、期间的计算、期间的恢复以及送达的种类。

熟悉并能够运用：《刑事诉讼法》以及相关法律解释对期间和送达的规定。

考试内容

第一节　期间

期间和期日的区别　期间的计算单位和方法　特殊情形下期间的计算　期间的重新计算　期间的恢复

第二节　送达

送达的种类　送达回证

第二编　分　　论

第十一章　立　　案

基本要求

了解：立案的概念、特征、功能，立案监督的概念。

熟悉并能够运用：《刑事诉讼法》以及相关法律解释对立案的材料来源、立案的条件、立案的程序、立案监督制度的规定。

考试内容

第一节　立案的概念

立案的概念　立案的特征　立案的功能

第二节　立案的材料来源和条件

立案的材料来源（公安机关或者人民检察院自行发现的犯罪事实或者获得的犯罪线索　单位和个人的报案或者举报　被害人的报案或者控告　犯罪人的自首）　立案的条件（有犯罪事实　需要追究刑事责任）

第三节　立案程序和立案监督

立案程序（对立案材料的接受　对立案材料的审查　对立案材料的处理　立案　不立案　行政执法机关移送案件的处置　撤案）　立案监督（立案监督的概念　立案监督的程序）

第十二章　侦　　查

基本要求

理解：侦查的概念，各种侦查行为的概念，侦查终结的概念，补充侦查的概念，侦查监督的概念，侦查的任务，侦查工作的原则，侦查的法律控制，人民检察院在自侦案件中的权限。

熟悉并能够运用：《刑事诉讼法》以及相关法律解释对各种侦查行为的法定程序，侦查终结的条件和处理程序，涉案财物的处置，补充侦查的种类，对违法侦查行为的申诉、控告程序，侦查监督程序的规定。

考试内容

第一节　侦查概述

侦查的概念　侦查的任务　侦查工作的原则　侦查的法律控制

第二节　侦查行为

讯问犯罪嫌疑人（讯问犯罪嫌疑人的程序）　询问证人、被害人（询问证人的程序和方式　询问被害人的程序）　勘验、检查（勘验、检查的概念　勘验、检查的种类和程序）　搜查（搜查的概念　搜查的程序和要求） 查封、扣押物证、书证（查封、扣押物证、书证的概念 查封、扣押物证、书证的程序和要求） 鉴定（鉴定的概念 鉴定的程序和要求） 辨认（辨认的概念 辨认的程序） 技术侦查（技术侦查的概念 技术侦查的程序和要求） 通缉（通缉的概念 通缉的程序和要求）

第三节 侦查终结

侦查终结的概念 侦查终结的条件和处理（侦查终结的条件 侦查终结的处理 涉案财物的处置） 侦查的羁押期限

第四节 人民检察院对直接受理案件的侦查

人民检察院在自侦案件中的权限 侦查终结后的处理

第五节 补充侦查

补充侦查的概念 补充侦查的种类（审查批捕阶段的补充侦查 审查起诉阶段的补充侦查 法庭审理阶段的补充侦查）

第六节 对违法侦查行为的申诉、控告

申诉、控告的范围 申诉、控告的提起及处理

第七节 侦查监督

侦查监督的概念 侦查监督的范围 侦查监督的途径和措施

第十三章 起 诉

基本要求

理解：起诉、审查起诉、提起公诉、不起诉、附条件不起诉及出庭支持公诉、提起自诉等概念，刑事公诉的一般理论，提起公诉的任务和意义，审查起诉的内容、程序，提起自诉的程序特点，认罪认罚案件的审查起诉。

熟悉并能够运用：审查起诉的步骤和方法，提起公诉、不起诉的条件，附条件不起诉制度，起诉书的制作。

考试内容

第一节　起诉的概念和意义

起诉的概念（刑事起诉概念　公诉与自诉的概念）起诉的意义　刑事公诉的一般理论　以公诉为主、自诉为辅的犯罪追诉机制

第二节　提起公诉的程序

审查起诉（移送审查起诉案件的受理　审查起诉的内容　审查起诉的步骤和方法　审查起诉的期限　认罪认罚案件的审查起诉）提起公诉（提起公诉的条件　起诉书的制作和移送）不起诉（不起诉的概念　不起诉的种类　不起诉的程序　对被害人、被不起诉人的申诉进行复查　不起诉决定书的制作与宣布）附条件不起诉制度

第三节　提起自诉的程序

自诉案件的范围　提起自诉的条件　提起自诉的程序

第十四章　刑事审判概述

基本要求

理解：刑事审判的概念，各种刑事审判模式的概念和特征，刑事审判各项原则的概念，审判组织的概念，我国刑事审判模式的改革，刑事审判原理。

熟悉并能够运用：各项审判原则的内容，两审终审制，审判组织的组成和运行。

考试内容

第一节　刑事审判的概念和任务

刑事审判的特征　刑事审判的任务　刑事审判的意义

第二节　刑事审判的模式

当事人主义审判模式（概念和特征）职权主义审判模式（概念和特征）

混合式审判模式　我国刑事审判模式（1979 年模式的特点　1996 年模式的特点）

第三节　刑事审判的原则

审判公开原则（概念　例外　意义　基本要求）　直接言词原则（含义　意义　适用）　辩论原则（含义　意义　适用）　集中审理原则（含义　意义　适用）

第四节　审级制度

两审终审制

第五节　审判组织

审判组织的种类　独任庭　合议庭（合议庭的组成方式　组成原则　活动原则）　审判长选任制　人民陪审制　审判委员会（概念　性质　组织　任务　讨论决定案件的范围）

第十五章　第一审程序

基本要求

理解：第一审程序的概念，第一审程序的分类，公诉案件庭前审查的概念，反诉的概念，简易程序的概念，自诉案件第一审程序的特点。

熟悉并能够运用：《刑事诉讼法》以及相关法律解释对第一审程序的规定，简易程序的内容，判决、裁定、决定的区别与制作。

考试内容

第一节　第一审程序概述

第一审程序的概念　第一审程序的分类

第二节　公诉案件第一审程序

公诉案件庭前审查（审查的内容和方法　审查后的处理　审查的期限）

开庭审判前的准备(开庭前准备工作的内容、程序) 法庭审判[开庭的程序 法庭调查的程序(量刑事实 强制证人出庭程序 鉴定人出庭) 法庭辩论的程序(量刑辩论 公诉词与辩护词的制作) 被告人最后陈述 评议和宣判 人民法院对不同案件的裁判(量刑理由)]

单位犯罪案件的审理程序 拒绝辩护 法庭秩序(对违反法庭秩序的处理及程序) 法庭审判笔录 延期审理(情形 程序) 中止审理(情形 与延期审理的区别) 终止审理(情形 与中止审理的区别) 第一审程序的期限 人民检察院对审判活动的监督

第三节 自诉案件第一审程序

自诉案件第一审程序 自诉案件第一审程序的特点(反诉的条件及其与自诉的关系)

第四节 简易程序

我国刑事诉讼简易程序的特点 简易程序的适用范围(适用范围 不适用简易程序的情形) 简易审判程序的特点(审判组织形式的简化 人民检察院应当派员出庭 简化法庭调查和法庭辩论程序 简易程序在必要时得变更为普通程序 审理期限) 简易程序的决定适用和审判程序

第五节 速裁程序

速裁程序(速裁程序的概念和意义 速裁程序的特点 速裁程序的适用范围 速裁程序的审理与转处)

第六节 判决、裁定和决定

判决(概念 特点 判决书的制作要求和内容) 裁定(概念 适用裁定的情形 与判决的区别 裁定书的格式与内容) 决定(与判决、裁定的区别)

第十六章　第二审程序

基本要求

理解：上诉、抗诉的概念、主体范围、理由、期限，全面审查原则、上诉不加刑原则的内容，第二审程序的概念、审理方式、程序和审理后的处理，二审对刑事附带民事诉讼案件和自诉案件的处理，对查封、扣押、冻结在案财物的处理程序，在法定刑以下判处刑罚的核准程序。

熟悉并能够运用：《刑事诉讼法》以及相关法律解释对第二审程序的规定，上诉状、抗诉书的制作。

考试内容

第一节　第二审程序的概念

第二审程序的概念

第二节　第二审程序的提起

上诉和抗诉的概念（提起第二审程序的两种机制　上诉的概念　抗诉的概念）　上诉、抗诉的主体（上诉的主体　抗诉的主体）　上诉、抗诉的理由（上诉的理由　抗诉的理由）　上诉、抗诉的期限（上诉的期限　抗诉的期限）　上诉、抗诉的方式和程序（上诉的方式与程序　抗诉的方式与程序）　上诉状、抗诉书的内容与制作

第三节　第二审程序的审判

第二审程序的审判原则（全面审查原则及内容　上诉不加刑原则及内容）　第二审程序的审理（开庭审理的方式和程序　不开庭审理的方式和程序）　对上诉、抗诉案件审理后的处理（裁定驳回上诉或者抗诉，维持原判　改判　裁定撤销原判，发回重审　发回重审的次数）　对附带民事诉讼案件的处理　对自诉案件的处理　委托宣判　第二审程序的审理期限

第四节　查封、扣押、冻结财物及其处理

查封、扣押、冻结财物及其处理　违法处理查封、扣押、冻结财物的法律责任

第五节　在法定刑以下判处刑罚的核准程序

在法定刑以下判处刑罚的核准程序（不同情形的报请复核程序　最高人民法院复核后的处理）

第十七章　死刑复核程序

基本要求

理解：死刑复核程序的概念和特点，死刑立即执行的核准权和死刑缓期二年执行的核准权，报请复核的要求，复核后的处理方式。

熟悉并能够运用：《刑事诉讼法》以及相关法律解释对死刑复核程序的规定。

考试内容

第一节　死刑复核程序概述

死刑复核程序的概念　死刑复核程序的特点

第二节　判处死刑立即执行案件的复核程序

判处死刑立即执行案件的核准权　判处死刑立即执行案件报请复核的材料及要求（"一案一核"和"层层复核"制度）　判处死刑立即执行案件的复核程序（讯问被告人　审查核实案卷材料　听取辩护律师意见　最高人民检察院提出意见　制作复核审理报告　复核结果通报最高人民检察院）　复核后的处理

第三节　判处死刑缓期二年执行案件的复核程序

判处死刑缓期二年执行案件的核准权　判处死刑缓期二年执行案件的

审判组织　判处死刑缓期二年执行案件的具体复核程序及复核后的处理方式

第十八章　审判监督程序

基本要求

理解：审判监督程序的概念和特点，提起审判监督程序的主体范围、材料来源、理由和方式，依照审判监督程序对案件的重新审判程序。

熟悉并能够运用：《刑事诉讼法》以及相关法律解释对审判监督程序的规定。

考试内容

第一节　审判监督程序的概念和特点

审判监督程序的概念　审判监督程序的特点

第二节　审判监督程序的提起

提起审判监督程序的材料来源（申诉与上诉的区别　申诉的期限　申诉的提出、受理及审查处理）　提起审判监督程序的主体（各级人民法院院长和审判委员会　最高人民法院和上级人民法院　最高人民检察院和上级人民检察院）　提起审判监督程序的理由（认定事实上的错误　适用法律上的错误）　提起审判监督程序的方式（决定再审　指令再审　决定提审　提出抗诉）

第三节　依照审判监督程序对案件的重新审判

再审立案　重新审判的程序（再审　提审　开庭审理的情形　并案审理的情形　不得加重刑罚的情形　开庭前的工作　强制措施与中止执行　审理程序　中止审理与终止审理）　重新审判后的处理　重新审判的期限

第十九章　涉外刑事诉讼程序与司法协助制度

基本要求

理解：涉外刑事诉讼程序的概念，刑事司法协助的概念，涉外刑事诉讼程序所适用的案件范围，涉外刑事诉讼所适用的法律，涉外刑事诉讼程序的特有原则，刑事司法协助的法律依据，刑事司法协助的主体、刑事司法协助的程序，刑事司法协助的方式。

熟悉并能够运用：《刑事诉讼法》以及相关法律解释对涉外刑事诉讼程序与司法协助制度的规定。

考试内容

第一节　涉外刑事诉讼程序

涉外刑事诉讼程序所适用的案件范围　涉外刑事诉讼所适用的法律　涉外刑事诉讼的特有原则（涉外刑事诉讼原则与刑事诉讼基本原则的关系　适用中国刑事法律和信守国际条约相结合的原则　外国籍犯罪嫌疑人、被告人享有中国法律规定的诉讼权利并承担诉讼义务的原则　使用中国通用的语言文字进行诉讼的原则　外国籍当事人委托中国律师辩护或代理的原则）

第二节　刑事司法协助

刑事司法协助的法律依据　刑事司法协助的主体　刑事司法协助的程序　刑事司法协助的方式

第二十章　执　　行

基本要求

理解：执行的依据，执行机关，执行的变更程序，对新罪和申诉的处理程序，人民检察院对执行的监督程序。

熟悉并能够运用:《刑事诉讼法》以及相关法律解释对各种判决、裁定的执行程序。

考试内容

第一节　执行概述

执行的依据(发生法律效力的判决和裁定)　执行机关(人民法院　监狱　公安机关　社区矫正机构)

第二节　各种判决、裁定的执行程序

死刑立即执行判决的执行(执行死刑命令的签发　执行死刑的机关和期限　执行死刑的场所和方法　执行死刑的具体程序　执行死刑后的处理)　死刑缓期二年执行、无期徒刑、有期徒刑和拘役判决的执行(执行机关　执行程序)　管制、有期徒刑缓刑、拘役缓刑判决的执行(执行机关及交付执行　对缓刑罪犯的考察与处理)　剥夺政治权利判决的执行(执行机关　执行程序)　财产刑和附带民事裁判的执行(执行机关　执行程序)　无罪和免除刑罚判决的执行(执行机关　执行程序　一审判决被告人无罪、免除刑事处罚的执行)

第三节　执行的变更程序

死刑执行的变更(停止执行死刑　暂停执行死刑　判决"可能有错误"的情形　停止执行死刑程序的启动　停止执行死刑后的审查、处理)　死刑缓期二年执行的变更(死缓减为无期徒刑或者有期徒刑　对死缓犯执行死刑)　暂予监外执行(暂予监外执行的概念　暂予监外执行的适用对象、适用情形　暂予监外执行的适用程序)　减刑、假释(减刑、假释的程序　适用特殊情况假释的核准程序)

第四节　对新罪和申诉的处理

对新罪、漏罪的处理　发现错判和对申诉的处理

第五节　人民检察院对执行的监督

对执行死刑的监督　对暂予监外执行的监督　对减刑、假释的监督　对执行刑罚活动的监督

第三编　特别程序

第二十一章　未成年人刑事案件诉讼程序

基本要求

了解或理解：未成年人刑事案件诉讼程序的概念与特殊功能，与普通刑事诉讼程序的关系，未成年人刑事案件诉讼程序适用的案件范围，未成年人刑事案件诉讼程序的方针和原则。

熟悉并能够运用：《刑事诉讼法》以及相关法律解释对未成年人刑事案件诉讼制度和程序的具体规定。

考试内容

第一节　未成年人刑事案件诉讼程序概述

未成年人刑事案件诉讼程序的概念与特殊功能　未成年人刑事案件诉讼程序适用的案件范围　未成年人刑事案件诉讼程序与普通刑事诉讼程序的关系

第二节　未成年人刑事案件诉讼程序的方针与原则

教育、感化、挽救方针　未成年人刑事案件诉讼程序的原则（最有利于未成年人与保护未成年人权利原则　教育为主、惩罚为辅原则　分案处理原则　审理不公开原则与保密原则　全面调查原则与社会调查制度　社会参与原则）

第三节　未成年人刑事案件诉讼制度与程序的具体规定

未成年人刑事案件诉讼制度与程序的具体规定（办案主体专门化　立案程序　辩护与法律援助制度　侦查程序　适用强制措施　审查起诉

程序　审判程序　未成年人刑事案件适用认罪认罚从宽制度　执行程序　未成年人犯罪记录封存）

第二十二章　当事人和解的公诉案件诉讼程序

基本要求

了解：刑事和解的概念。

熟悉并能够运用：刑事和解的适用条件，刑事和解适用案件范围及刑事和解的程序规则。

考试内容

刑事和解的适用条件　刑事和解适用案件范围　刑事和解的程序规则

第二十三章　缺席审判程序

基本要求

了解：缺席审判程序的庭前准备、人民检察院如何依法缺席起诉、人民法院对缺席审判案件如何审理的程序性规定。

熟悉并能够运用：《刑事诉讼法》以及相关法律解释对犯罪嫌疑人、被告人不在案的案件进行缺席起诉、缺席审判相关程序的规定，缺席审判程序的案件范围。

考试内容

第一节　缺席审判程序的案件范围与送达方式

缺席审判程序的案件范围　缺席审判程序的送达

第二节　缺席审判的案件审理

缺席审判中的辩护权　被告人的近亲属参与诉讼　缺席审判的程序处理　缺席审判中的上诉、抗诉

第三节　被告人到案后的救济程序

被告人到案后的救济程序

第二十四章　犯罪嫌疑人、被告人逃匿、死亡案件违法所得的没收程序

基本要求

了解：犯罪嫌疑人、被告人逃匿、死亡案件违法所得的没收程序的法律依据。

熟悉并能够运用：《刑事诉讼法》以及相关法律解释对犯罪嫌疑人、被告人逃匿、死亡案件违法所得的没收程序的规定。

考试内容

第一节　没收程序概述

没收程序的法律依据

第二节　犯罪嫌疑人、被告人逃匿、死亡案件违法所得的没收程序

没收程序的适用条件　没收程序的没收对象　没收程序的启动　没收程序的管辖、公告及送达　没收程序的法庭审理及裁判　没收程序的上诉、抗诉　没收程序的终止　救济措施

第二十五章　依法不负刑事责任的精神病人的强制医疗程序

基本要求

了解：强制医疗程序的概念、意义和特征。

熟悉并能够运用：《刑事诉讼法》关于强制医疗程序的规定。

考试内容

强制医疗程序的适用条件　强制医疗的启动和决定程序　强制医疗的救济程序　对强制医疗的监督

附录：法律法规目录

中华人民共和国刑事诉讼法

（1979年7月1日第五届全国人民代表大会第二次会议通过　根据1996年3月17日第八届全国人民代表大会第四次会议《关于修改〈中华人民共和国刑事诉讼法〉的决定》第一次修正　根据2012年3月14日第十一届全国人民代表大会第五次会议《关于修改〈中华人民共和国刑事诉讼法〉的决定》第二次修正　根据2018年10月26日第十三届全国人民代表大会常务委员会第六次会议《关于修改〈中华人民共和国刑事诉讼法〉的决定》第三次修正）

中华人民共和国人民陪审员法

（2018年4月27日第十三届全国人民代表大会常务委员会第二次会议通过　2018年4月27日中华人民共和国主席令第4号公布　自公布之日起施行）

最高人民法院关于适用《中华人民共和国人民陪审员法》若干问题的解释

（2019年2月18日最高人民法院审判委员会第1761次会议通过　2019年4月24日公布　自2019年5月1日起施行）法释〔2019〕5号

中华人民共和国社区矫正法

（2019年12月28日第十三届全国人民代表大会常务委员会第十五次会议通过　2019年12月28日中华人民共和国主席令第40号公布　自2020年7月1日起施行）

全国人民代表大会常务委员会关于《中华人民共和国刑事诉讼法》第七十九条第三款的解释

（2014年4月24日第十二届全国人民代表大会常务委员会第八次会议通过）

全国人民代表大会常务委员会关于《中华人民共和国刑事诉讼法》第二百五十四条第五款、第二百五十七条第二款的解释

（2014年4月24日第十二届全国人民代表大会常务委员会第八次会议通过）

全国人民代表大会常务委员会关于《中华人民共和国刑事诉讼法》第二百七十一条第二款的解释

（2014年4月24日第十二届全国人民代表大会常务委员会第八次会议通过）

最高人民法院、最高人民检察院、公安部、国家安全部、司法部、全国人大常委会法制工作委员会关于实施刑事诉讼法若干问题的规定

（2012年12月26日发布　自2013年1月1日起施行）

最高人民法院关于适用《中华人民共和国刑事诉讼法》的解释

（2020年12月7日最高人民法院审判委员会第1820次会议通过　2021年1月26日公布　自2021年3月1日起施行）　法释〔2021〕1号

人民检察院刑事诉讼规则

（2019年12月2日最高人民检察院第十三届检察委员会第二十八次会议通过　2019年12月30日公布　自2019年12月30日起施行）　高检发释字〔2019〕4号

公安机关办理刑事案件程序规定

（2020年7月4日公安部第3次部务会议通过　2020年7月20日公布　自2020年9月1日起施行）　公安部令第159号

最高人民法院、最高人民检察院、公安部、国家安全部、司法部关于适用认罪认罚从宽制度的指导意见

（2019年10月11日）　高检发〔2019〕13号

最高人民法院、最高人民检察院、公安部、国家安全部、司法部关于依法保障律师执业权利的规定

（2015年9月16日）　司发〔2015〕14号

法律援助值班律师工作办法

（2020年8月20日）　司规〔2020〕6号

最高人民法院、司法部关于为死刑复核案件被告人依法提供法律援助的规定（试行）

（2021年12月30日发布　自2022年1月1日起施行）　法〔2021〕348号

最高人民法院、最高人民检察院、公安部、国家安全部、司法部关于办理刑事案件严格排除非法证据若干问题的规定

（2017年6月20日发布　自2017年6月27日起施行）　法发〔2017〕15号

最高人民法院、最高人民检察院、公安部、国家安全部、司法部办理刑事案件排除非法证据规程

（2024年7月25日发布　自2024年9月3日起施行）　法发〔2024〕12号

最高人民法院、最高人民检察院、公安部关于办理刑事案件收集提取和审查判断电子数据若干问题的规定

（2016 年 9 月 9 日发布　自 2016 年 10 月 1 日起施行）法发〔2016〕22 号

最高人民法院、最高人民检察院、公安部、国家安全部关于取保候审若干问题的规定

（2022 年 9 月 5 日）公通字〔2022〕25 号

人民检察院、公安机关羁押必要性审查、评估工作规定

（2023 年 11 月 30 日发布　自 2023 年 11 月 30 日起施行）高检发〔2023〕12 号

最高人民法院、最高人民检察院、公安部、国家安全部、司法部办理刑事案件庭前会议规程

（2024 年 7 月 25 日发布　自 2024 年 9 月 3 日起施行）法发〔2024〕12 号

最高人民法院、最高人民检察院、公安部、国家安全部、司法部关于规范量刑程序若干问题的意见

（2020 年 11 月 5 日发布　自 2020 年 11 月 6 日起施行）法发〔2020〕38 号

最高人民法院关于办理死刑复核案件听取辩护律师意见的办法

（2014 年 12 月 29 日）法〔2014〕346 号

最高人民法院关于死刑复核及执行程序中保障当事人合法权益的若干规定

（2019 年 4 月 29 日最高人民法院审判委员会第 1767 次会议通过　2019 年 8 月 8 日公布　自 2019 年 9 月 1 日起施行）法释〔2019〕12 号

最高人民法院关于死刑缓期执行限制减刑案件审理程序若干问题的规定

（2011 年 4 月 20 日最高人民法院审判委员会第 1519 次会议通过　2011 年 4 月 25 日公布　自 2011 年 5 月 1 日起施行）法释〔2011〕8 号

最高人民法院关于刑事裁判涉财产部分执行的若干规定

（2014 年 9 月 1 日最高人民法院审判委员会第 1625 次会议通过　2014 年 10 月 30 日公布　自 2014 年 11 月 6 日起施行）法释〔2014〕13 号

最高人民法院关于刑事再审案件开庭审理程序的具体规定（试行）

（2001 年 10 月 18 日最高人民法院审判委员会第 1196 次会议通过　2001 年 12 月 26 日公布　自 2002 年 1 月 1 日起施行）法释〔2001〕31 号

最高人民法院关于减刑、假释案件审理程序的规定

（2014 年 4 月 10 日最高人民法院审判委员会第 1611 次会议通过　2014 年 4

月23日公布　自2014年6月1日起施行）　法释〔2014〕5号

人民检察院办理减刑、假释案件规定

（2014年7月21日最高人民检察院第十二届检察委员会第25次会议通过）

最高人民法院、最高人民检察院、公安部关于办理信息网络犯罪案件适用刑事诉讼程序若干问题的意见

（2022年8月26日）　法发〔2022〕23号

最高人民法院、最高人民检察院、中国海警局关于海上刑事案件管辖等有关问题的通知

（2020年2月20日）　海警〔2020〕1号

人民检察院办理未成年人刑事案件的规定

（2002年3月25日最高人民检察院第九届检察委员会第105次会议通过　2006年12月28日最高人民检察院第十届检察委员会第68次会议第一次修订　2013年12月19日最高人民检察院第十二届检察委员会第14次会议第二次修订）

最高人民法院关于建立健全防范刑事冤假错案工作机制的意见

（2013年10月9日）　法发〔2013〕11号

最高人民法院、最高人民检察院关于适用犯罪嫌疑人、被告人逃匿、死亡案件违法所得没收程序若干问题的规定

（2016年12月26日最高人民法院审判委员会第1705次会议、最高人民检察院第十二届检察委员会第59次会议通过　2017年1月4日公布　自2017年1月5日起施行）　法释〔2017〕1号

行政法与行政诉讼法

第一编　导　　论

第一章　行政法概述

基本要求

了解和理解：行政法的概念和意义，行政法律规范的特征，行政法法律渊源的等级效力。

熟悉并能够运用：行政法理论分析判断行政法相关问题。

考试内容

第一节　行政法的基本概念

行政的概念　行政法的概念

第二节　行政法的法律渊源

行政法法律渊源的种类

第二章　行政法的基本原则

基本要求

了解和理解：行政法基本原则的概念和作用，行政法基本原则与民法基本原则的区别，行政法各基本原则的要求。

熟悉并能够运用：基本原则分析判断行政法相关问题。

考试内容

第一节　行政法基本原则的内涵和构成

行政法基本原则的内涵和作用　行政法基本原则的构成

第二节　行政法各项基本原则的要求

合法行政　合理行政　程序正当　高效便民　诚实守信　权责统一

第二编　行政组织法

第三章　行政机关组织法

基本要求

了解和理解：行政机关，法律、法规授权的组织，行政机关委托的组织，行政机关组织法的基本原则，国务院行政机构的种类，地方各级人民政府机构的设置与编制，派出机关与派出机构的区别，法律、法规授权的组织与行政机关委托的组织的区别。

熟悉并能够运用：行政机关组织法理论和制度分析判断机构的性质、行政职权的合法性。

考试内容

第一节　行政机关组织法概述

行政机关组织法的概念　行政机关组织法的基本原则

第二节　中央国家行政机关

国务院概述　国务院机构的种类

第三节　地方国家行政机关

地方国家行政机关的组成和职权　地方国家行政机关的派出机关和派出机构

第四节　实施行政职能的非政府组织

法律、法规授权的组织　行政机关委托的组织

第四章　公 务 员 法

基本要求

了解和理解：公务员的概念，公务员制度的基本原则，公务员的基本权利义务。

熟悉并能够运用：公务员的基本管理制度。

考试内容

第一节　公务员法概述

公务员制度的概念和基本原则　公务员的基本权利义务

第二节　公务员管理的基本制度

公务员管理的各项基本制度

第三编　行政行为法

第五章　抽象行政行为

基本要求

理解：行政规范性文件冲突的解决，行政法规、规章和有普遍约束力的决定和命令的制定机关、制定权限、程序、监督机制。

熟悉并能够运用：抽象行政行为的理论和制度分析解决行政规范性文件合法性问题和行政规范性文件与上位法的冲突问题。

考试内容

第一节　抽象行政行为概述

抽象行政行为的概念　行政规范性文件的适用

第二节　行政法规

行政法规的制定权限、制定程序、监督程序

第三节　规章和有普遍约束力的决定、命令

国务院部门规章的制定机关、制定权限、制定程序、监督程序　地方政府规章的制定机关、制定权限、制定程序、监督程序　有普遍约束力的决定和命令的制定机关、制定权限、制定程序和监督程序

第六章　具体行政行为概述

基本要求

理解：具体行政行为区别于抽象行政行为的标准，具体行政行为效力的取得和丧失的条件，无效的具体行政行为与可撤销的具体行政行为的区别，具体行政行为的一般合法要件。

熟悉并能够运用：具体行政行为的一般理论和制度分析判断具体行政行为合法性的基本条件问题。

考试内容

第一节　具体行政行为的概念

具体行政行为的构成　具体行政行为的分类

第二节　具体行政行为的成立和效力

具体行政行为的成立　具体行政行为的效力　具体行政行为的无效、撤销和废止

第三节　具体行政行为的一般合法要件

事实证据确凿　正确适用法律法规　符合法定程序　不得超越职权和滥用职权　无明显不当

第七章　行 政 处 罚

基本要求

理解：行政处罚制度的基本宗旨，行政处罚的设定，行政处罚的委托，行政处罚的适用规则，行政处罚决定程序和执行程序规则，治安管理处罚的适用和处罚程序。

熟悉并能够运用：行政处罚理论和制度分析解决行政处罚行为的合法性问题。

考试内容

第一节　行政处罚概述

行政处罚的基本原则

第二节　行政处罚的种类与设定

行政处罚的种类　行政处罚的设定

第三节　行政处罚的实施机关、管辖与适用

行政处罚的实施机关　行政处罚的管辖　行政处罚的适用

第四节　行政处罚的程序

行政处罚的决定程序　行政处罚的执行程序

第五节　治安管理处罚

处罚的种类和适用　违反治安管理的行为和处罚　处罚程序　执法监督

第八章　行 政 强 制

基本要求

理解：行政强制的基本原则，行政强制措施和行政强制执行制度的种类、设

定、实施程序。

熟悉并能够运用：行政强制理论和法律规定分析解决行政强制权行使的合法性问题。

考试内容

第一节 行政强制概述

行政强制的界定　行政强制的性质、意义和立法　行政强制的基本原则

第二节 行政强制的种类和设定

行政强制措施的种类和设定　行政强制执行的方式和设定　设定的论证和评价

第三节 行政强制措施实施程序

实施行政强制措施的主体　一般程序要求　特别程序要求

第四节 行政机关强制执行程序

行政机关自行强制执行权限　一般程序及要求　特别程序及要求　中止执行、终结执行和执行和解

第五节 申请法院强制执行

适用条件　行政机关提出申请　法院的受理、审理和裁定

第九章 行政许可

基本要求

理解：行政许可的特征，行政许可制度的各基本原则，设定行政许可与市场调节、个体自主、社会自律的关系，行政许可的设定权限，普通许可实施程序与特别许可实施程序的区别，行政许可的费用制度，行政许可被授予人的法定公共义务。

熟悉并能够运用：分析解决行政许可授予过程和监督检查过程中的行政行为合法性问题，以及行政许可诉讼问题。

考试内容

第一节 行政许可概述

行政许可的概念　行政许可的基本原则

第二节 行政许可的设定

行政许可的设定原则　行政许可的设定权限和形式　行政许可的设定程序

第三节 行政许可的实施机关

法定行政机关　受委托的行政机关　行使集中许可权的行政机关　受理与办理行政许可的行政机关　法律、法规授权的组织

第四节 行政许可的实施程序

申请与受理程序　审查与决定程序　期限　听证程序　变更与延续程序　特别程序

第五节 行政许可的费用

禁止收费原则　法定收费例外

第六节 监督检查

对行政许可机构的监督检查　对被许可人的监督检查　被许可人的法定义务　对行政许可的撤销和注销

第七节 行政许可诉讼

行政许可案件的受案范围　被告　法院对行政许可案件的审理　判决　行政许可中的赔偿和补偿及诉讼问题

第十章　其他行政行为

基本要求

理解：行政征收、行政征用、行政确认、行政合同、行政给付、行政奖励和行政裁决的概念和特征。

熟悉并能够运用：判断某一行政行为的性质及其合法性，行政合同（行政协议）诉讼。

考试内容

第一节　行政征收与征用

行政征收的界定和种类　行政征收的主要方式　行政征用的特征

第二节　行政确认

行政确认的内涵和作用　行政确认的基本原则　行政确认的形式

第三节　行政合同

行政合同的种类　行政合同的订立和效力　行政合同的履行　行政合同（行政协议）诉讼

第四节　行政给付

行政给付的概念　物质和资金帮助

第五节　行政奖励

行政奖励的内涵和特征　行政奖励的分类

第六节　行政裁决

行政裁决的特征　行政裁决的作用

第十一章　行政程序与政府信息公开

基本要求

理解：行政程序的意义，听证制度、说明理由、行政案卷制度、政府信息公开制度的主要内容。

熟悉并能够运用：分析解决行政听证程序合法性的理论和实践问题，分析判断有关政府信息公开决定的合法性和解决政府信息公开行政诉讼问题。

考试内容

第一节　行政程序概述

行政程序法的基本原则

第二节　行政程序的基本制度

听证制度　说明理由制度　行政案卷制度

第三节　政府信息公开制度

政府信息公开制度的意义　政府信息公开制度的主要内容（适用范围　基本要求　公开的范围　公开义务主体　主动公开　依申请公开　监督与救济）政府信息公开行政诉讼

第四编　行政救济法

第十二章　行 政 复 议

基本要求

理解：行政复议的范围，行政复议的申请人与被申请人，行政复议机关的确定，行政复议与行政诉讼的关系，行政复议的决定类型，行政复议指导和监督。

熟悉并能够运用：分析解决行政机关在受理和作出复议决定中的程序合法性问题。

考试内容

第一节　行政复议概述

行政复议的基本原则

第二节　行政复议范围

可申请行政复议的事项（基本范围　可申请行政复议的具体事项　对行政规范性文件的附带审查）行政复议的排除事项（国家行为　抽象行政行为　对行政机关工作人员的奖惩、任免等决定　对民事纠纷作出的调解）

第三节　行政复议参加人和行政复议机关

行政复议申请人　行政复议被申请人　行政复议第三人　行政复议机关

第四节　行政复议的申请与受理

行政复议的申请时间和方式　对行政复议申请的审查和处理　行政复议与行政诉讼的关系　行政行为在行政复议期间的执行力

第五节　行政复议的审理、决定和执行

行政复议的审理（一般规定　证据制度　审理程序　简易程序　行政复议附带审查）行政复议决定（各类行政复议决定及其适用）行政复议的执行　行政复议指导和监督

第十三章　行政诉讼概述

基本要求

理解：行政诉讼与民事诉讼、刑事诉讼之间的关系，具体行政行为合法性审查原则。

熟悉并能够运用：行政诉讼的特点和具体行政行为合法性审查原则。

考试内容

第一节　行政诉讼的概念和特征

行政诉讼的特征　行政诉讼与民事诉讼的关系　行政诉讼与刑事诉讼的关系

第二节　行政诉讼法

行政诉讼法的渊源　行政诉讼法的效力范围（空间效力　时间效力　对人的效力　对事的效力）行政诉讼法的立法目的

第三节　行政诉讼的基本原则

依法受理、依法应诉原则　人民法院依法独立行使行政审判权原则　以事实为根据、以法律为准绳原则　行政行为合法性审查原则（行政行为合法性审查的范围　行政行为合法性审查的意义）当事人的法律地位平等原则　各民族公民都有用本民族语言文字进行行政诉讼的权利原则　当事人有权辩论原则　合议、回避、公开审判和两审终审原则（合议原则　回避原则　公开审判原则　两审终审原则）人民检察院实行法律监督原则

第十四章　行政诉讼的受案范围

基本要求

理解：人民法院应予受理的行政诉讼案件类型和不予受理的案件类型。
熟悉并能够运用：受案范围的确定标准及其在具体案件中的适用。

考试内容

第一节　概述

受案范围的概念　受案范围的确立方式　受案范围的确定标准（行为标准　权利标准）

第二节　应予受理的案件

行政处罚案件　行政强制案件　行政许可案件　行政确权案件　征收、征用案件　不履行法定职责案件　侵犯法律规定的经营自主权和农村土地承包经营权、农村土地经营权的案件　侵犯公民公平竞争权的案件　违法要求履行义务案件　行政给付案件　行政合同（行政协议）案件　其他侵犯人身权、财产权案件　法律、法规规定的其他行政案件　司法解释规定的案件

第三节　不予受理的案件

国家行为　抽象行政行为　行政机关对其工作人员的奖惩、任免等决定　法律规定由行政机关最终裁决的行政行为　公安、国家安全等机关依照刑事诉讼法的明确授权实施的行为　调解行为以及法律规定的仲裁行为　行政指导行为　行政机关作出的不产生外部法律效力的行为　行政过程性行为　协助执行行为　内部层级监督行为　信访处理行为　驳回当事人对行政行为提起申诉的重复处理行为　对公民、法人或其他组织的权利义务不产生实际影响的行为

第十五章　行政诉讼的管辖

基本要求

理解：行政诉讼的级别管辖和地域管辖。

熟悉并能够运用：中级人民法院的管辖、特殊地域管辖以及共同管辖及具体适用。

考试内容

第一节　行政诉讼管辖概述

确定管辖的考虑因素

第二节　级别管辖

基层人民法院的管辖　中级人民法院的管辖（对国务院部门或者县级以上地方人民政府所作的行政行为提起诉讼的案件　海关处理的案件　本辖区内的重大、复杂案件　其他法律规定由中级人民法院管辖的案件）高级人民法院的管辖　最高人民法院的管辖

第三节　地域管辖

一般地域管辖　特殊地域管辖（限制人身自由的行政强制措施　不动产案件）共同管辖

第四节　裁定管辖

移送管辖　指定管辖　移转管辖　管辖权异议

第十六章　行政诉讼参加人

基本要求

理解：行政诉讼的原告、被告、第三人、共同诉讼人的确认规则。

熟悉并能够运用：行政诉讼原告和被告的确认规则及其具体适用。

考试内容

第一节　概述

行政诉讼参加人　行政诉讼当事人　诉讼代表人

第二节　行政诉讼的原告

原告的概念　原告的确认（受害人　相邻权人　公平竞争权人　投资人　合伙组织和个体工商户　股份制企业的内部机构　非国有企业　企业法定代表人　投诉举报者　债权人　非营利法人　涉及业主共有利益的主体）原告资格的转移（转移的条件　自然人原告资格的转移　法人或其他组织原告资格的转移　转移的程序）

第三节　行政诉讼的被告

被告的概念　被告的确认（行政复议案件　委托行政　经上级机关批准而作出行政行为　派出机构　共同作出行政行为　行政机关的内部机构　不作为案件　开发区管理机构及其职能部门　村委会和居委会　事业单位和行业协会　房屋征收部门）被告资格的转移

第四节　行政诉讼的第三人

第三人的概念　第三人的确认　第三人参加诉讼的程序

第五节　共同诉讼人

共同诉讼人的概念　必要共同诉讼人　普通共同诉讼人　集团诉讼

第六节　诉讼代理人

诉讼代理人的种类（法定代理人　指定代理人　委托代理人）

第十七章　行政诉讼程序

基本要求

理解：起诉与受理的条件，行政诉讼审理前的准备，行政诉讼上诉案件的审理方式以及审判监督程序的提起与审理。

熟悉并能够运用：起诉条件的具体适用。

考试内容

第一节　起诉与受理

起诉的条件（一般条件　时间条件　程序条件　起诉方式）受理的概念　对起诉的审查和处理

第二节　行政诉讼的第一审程序

第一审普通程序（审理前的准备　庭审程序　审理期限）简易程序

（适用范围　简易程序的要求）

第三节　行政诉讼的第二审程序

上诉和上诉的受理　上诉案件的审理（审理方式　审理对象　审理期限）

第四节　行政诉讼审判监督程序

审判监督程序的提起（提起审判监督程序的条件　提起审判监督程序的程序）　再审案件的审理（审理程序　原判决、裁定的执行　对再审案件的审理要求　对再审案件的处理　再审期限）

第十八章　行政诉讼的特殊制度与规则

基本要求

理解：行政诉讼法律冲突的适用规则，行政案件审理中各项特殊制度的具体内容，涉外行政诉讼的原则。

熟悉并能够运用：行政诉讼证据制度，行政诉讼法律适用规则。

考试内容

第一节　行政诉讼证据

行政诉讼证据的种类　举证责任（举证责任的概念　举证责任分配　举证期限）　提供证据的要求（书证　物证　视听资料　电子数据　证人证言　鉴定意见　勘验笔录　现场笔录）　调取和保全证据（行政诉讼证据的调取　证据保全）　证据的对质辨认和核实（对书证和物证的质证　对视听资料的质证　关于证人出庭作证的问题　对鉴定意见的质证）　证据的审核认定（概念和内容　证据效力大小的判断）

第二节　行政诉讼的法律适用

行政诉讼法律适用的含义　行政诉讼法律适用的规则（法律、行政法规与地方性法规是行政审判的依据　规章的参照适用　其他规范性文

件在行政诉讼中的地位　人民法院对司法解释的援引）行政诉讼法律冲突的适用规则（概念　适用规则）WTO规则的适用问题

第三节　行政案件审理中的特殊制度

撤诉（条件　撤诉的法律后果）缺席判决　保全与先予执行（保全　先予执行）审理程序的延阻（延期审理　诉讼中止　诉讼终结）被告在诉讼中改变被诉行政行为的处理　行政行为的停止执行问题　合并审理　行政诉讼附带民事诉讼（条件）调解的适用　妨害行政诉讼行为的排除（妨害行政诉讼的行为　排除妨害行政诉讼的强制措施）案件的移送、公告和司法建议

第四节　涉外行政诉讼

涉外行政诉讼的特征　涉外行政诉讼的原则（同等原则　对等原则）

第十九章　行政案件的裁判与执行

基本要求

理解：行政诉讼判决的种类与适用条件，行政诉讼的执行和非诉行政案件的执行要求。

熟悉并能够运用：行政诉讼判决的种类及其适用条件。

考试内容

第一节　行政诉讼的判决、裁定与决定

行政诉讼第一审判决（驳回原告诉讼请求判决　撤销判决　履行判决　给付判决　确认违法判决　确认无效判决　变更判决　被告承担继续履行、采取补救措施或者赔偿损失等责任判决）二审判决（维持原判　改判）再审判决　行政诉讼裁定（概念与特征　适用范围及法律效力）行政诉讼决定（适用范围及法律效力）

第二节　行政诉讼的执行与非诉行政案件的执行

行政诉讼的执行　执行主体　执行根据　执行措施（对行政机关的执行措施　对公民、法人或者其他组织的执行措施）执行程序　非诉行政案件的执行　非诉行政案件执行的相关问题

第二十章　国家赔偿概述

基本要求

理解：国家赔偿法的特征，国家赔偿与相关制度之间的关系。
熟悉并能够运用：国家赔偿的构成要件。

考试内容

第一节　国家赔偿

国家赔偿的特征　国家赔偿与相关制度的区别（与行政赔偿　与国家补偿　与民事赔偿　与司法赔偿　与公有公共设施致害赔偿）

第二节　国家赔偿法

国家赔偿法的作用　国家赔偿法的适用

第三节　国家赔偿的构成要件

国家赔偿的构成要件概述　国家赔偿的主体要件（主体要件的概念和特征　侵权主体的种类）行为要件（界定执行职务行为的标准　执行职务行为的分类）损害结果要件（损害的范围　损害的对象　因果关系）法律要件

第二十一章　行 政 赔 偿

基本要求

理解：行政赔偿、行政赔偿范围、行政赔偿请求人、行政赔偿义务机关、行政

赔偿程序的特征，行政赔偿的归责原则，行政赔偿义务机关的确认规则。

熟悉并能够运用：行政赔偿的范围与程序。

考试内容

第一节　行政赔偿概述

行政赔偿的概念　行政赔偿的特征（行政赔偿与行政补偿　行政赔偿与民事赔偿　行政赔偿与司法赔偿）　行政赔偿的归责原则（违法归责原则）

第二节　行政赔偿范围

侵犯人身权的行为（侵犯人身自由权的行为　侵犯生命健康权的行为）　侵犯财产权的行为（侵犯财产权的行政处罚　侵犯财产权的行政强制措施　违法征收财物、摊派费用　侵犯财产权的其他违法行为）　国家不承担赔偿责任的情形

第三节　行政赔偿请求人和赔偿义务机关

行政赔偿请求人（概念和特征　范围）　行政赔偿义务机关（概述　行政赔偿义务机关的确认）

第四节　行政赔偿程序

行政赔偿程序的概念　单独提出赔偿请求的程序（含义　行政赔偿义务机关的先行处理程序　对行政事实行为单独提出赔偿请求的程序问题）　一并提出赔偿请求的程序（行政复议程序　行政赔偿诉讼程序）　行政追偿（概念和条件　程序）

第二十二章　司法赔偿

基本要求

理解：司法赔偿、司法赔偿范围、司法赔偿请求人、司法赔偿义务机关、司法赔偿程序的特征，司法赔偿的归责原则，司法赔偿义务机关的确认规则。

熟悉并能够运用：司法赔偿的范围与程序。

考试内容

第一节 司法赔偿概述

司法赔偿的特征　司法赔偿的归责原则

第二节 司法赔偿范围

司法赔偿范围概述　刑事司法赔偿的范围（侵犯人身权的刑事司法赔偿　侵犯财产权的刑事司法赔偿）民事、行政司法赔偿范围（违法采取排除妨害诉讼强制措施的赔偿　违法采取保全措施的赔偿　违法采取先予执行措施的赔偿　错误执行判决、裁定和其他生效法律文书的赔偿　司法工作人员侵权的赔偿）国家不承担赔偿责任的情形

第三节 司法赔偿请求人和赔偿义务机关

司法赔偿请求人（特征　确认）司法赔偿义务机关（特征　确认）

第四节 司法赔偿程序

司法赔偿程序概述　司法赔偿处理程序（步骤）司法赔偿复议程序（步骤）司法赔偿决定程序（步骤）司法追偿程序（范围　程序）

第二十三章 国家赔偿方式、标准和费用

基本要求

理解：国家赔偿的不同方式及要求。

熟悉并能够运用：国家赔偿的计算标准。

考试内容

第一节 国家赔偿的方式

国家赔偿的方式　金钱赔偿　返还财产　恢复原状　国家赔偿的其他方式

第二节　国家赔偿的计算标准

人身权损害赔偿的计算标准（人身自由权损害赔偿的计算标准　生命健康权损害赔偿的计算标准）　财产权损害赔偿的计算标准

第三节　国家赔偿费用

国家赔偿费用的来源　国家赔偿费用的支付与管理

附录：法律法规目录

中华人民共和国公务员法

（2005 年 4 月 27 日第十届全国人民代表大会常务委员会第十五次会议通过　根据 2017 年 9 月 1 日第十二届全国人民代表大会常务委员会第二十九次会议《关于修改〈中华人民共和国法官法〉等八部法律的决定》修正　2018 年 12 月 29 日第十三届全国人民代表大会常务委员会第七次会议修订）

国务院行政机构设置和编制管理条例

（1997 年 8 月 3 日国务院令第 227 号公布　自公布之日起施行）

地方各级人民政府机构设置和编制管理条例

（2007 年 2 月 24 日国务院令第 486 号公布　自 2007 年 5 月 1 日起施行）

中华人民共和国立法法

（2000 年 3 月 15 日第九届全国人民代表大会第三次会议通过　根据 2015 年 3 月 15 日第十二届全国人民代表大会第三次会议《关于修改〈中华人民共和国立法法〉的决定》第一次修正　根据 2023 年 3 月 13 日第十四届全国人民代表大会第一次会议《关于修改〈中华人民共和国立法法〉的决定》第二次修正）

行政法规制定程序条例

（2001 年 11 月 16 日国务院令第 321 号公布　根据 2017 年 12 月 22 日《国务院关于修改〈行政法规制定程序条例〉的决定》修订）

规章制定程序条例

（2001 年 11 月 16 日国务院令第 322 号公布　根据 2017 年 12 月 22 日《国务院关于修改〈规章制定程序条例〉的决定》修订）

中华人民共和国行政许可法

（2003 年 8 月 27 日第十届全国人民代表大会常务委员会第四次会议通过　根

据2019年4月23日第十三届全国人民代表大会常务委员会第十次会议《关于修改〈中华人民共和国建筑法〉等八部法律的规定》修正）

最高人民法院关于审理行政许可案件若干问题的规定

（2009年11月9日最高人民法院审判委员会第1476次会议通过　2009年12月14日公布　自2010年1月4日起施行）法释〔2009〕20号

中华人民共和国行政处罚法

（1996年3月17日第八届全国人民代表大会第四次会议通过　根据2009年8月27日第十一届全国人民代表大会常务委员会第十次会议《关于修改部分法律的决定》第一次修正　根据2017年9月1日第十二届全国人民代表大会常务委员会第二十九次会议《关于修改〈中华人民共和国法官法〉等八部法律的决定》第二次修正　2021年1月22日第十三届全国人民代表大会常务委员会第二十五次会议修订）

中华人民共和国治安管理处罚法

（2005年8月28日第十届全国人民代表大会常务委员会第十七次会议通过　根据2012年10月26日第十一届全国人民代表大会常务委员会第二十九次会议《关于修改〈中华人民共和国治安管理处罚法〉的决定》修正）

中华人民共和国行政强制法

（2011年6月30日第十一届全国人民代表大会常务委员会第二十一次会议通过　2011年6月30日中华人民共和国主席令第49号公布　自2012年1月1日起施行）

中华人民共和国行政复议法

（1999年4月29日第九届全国人民代表大会常务委员会第九次会议通过　根据2009年8月27日第十一届全国人民代表大会常务委员会第十次会议《关于修改部分法律的决定》第一次修正　根据2017年9月1日第十二届全国人民代表大会常务委员会第二十九次会议《关于修改〈中华人民共和国法官法〉等八部法律的决定》第二次修正　2023年9月1日第十四届全国人民代表大会常务委员会第五次会议修订）

中华人民共和国行政复议法实施条例

（2007年5月29日国务院令第499号公布　自2007年8月1日起施行）

中华人民共和国政府信息公开条例

（2007年4月5日国务院令第492号公布　2019年4月3日国务院令第711号修订）

最高人民法院关于审理政府信息公开行政案件若干问题的规定

（2010 年 12 月 13 日最高人民法院审判委员会第 1505 次会议通过　2011 年 7 月 29 日公布　自 2011 年 8 月 13 日起施行）法释〔2011〕17 号

中华人民共和国行政诉讼法

（1989 年 4 月 4 日第七届全国人民代表大会第二次会议通过　根据 2014 年 11 月 1 日第十二届全国人民代表大会常务委员会第十一次会议《关于修改〈中华人民共和国行政诉讼法〉的决定》第一次修正　根据 2017 年 6 月 27 日第十二届全国人民代表大会常务委员会第二十八次会议《关于修改〈中华人民共和国民事诉讼法〉和〈中华人民共和国行政诉讼法〉的决定》第二次修正）

最高人民法院关于适用《中华人民共和国行政诉讼法》的解释

（2017 年 11 月 13 日最高人民法院审判委员会第 1726 次会议通过　2018 年 2 月 6 日公布　自 2018 年 2 月 8 日起施行）法释〔2018〕1 号

最高人民法院关于行政诉讼证据若干问题的规定

（2002 年 6 月 4 日最高人民法院审判委员会第 1224 次会议通过　2002 年 7 月 24 日公布　自 2002 年 10 月 1 日起施行）法释〔2002〕21 号

最高人民法院关于审理国际贸易行政案件若干问题的规定

（2002 年 8 月 27 日最高人民法院审判委员会第 1239 次会议通过　2002 年 8 月 27 日公布　自 2002 年 10 月 1 日起施行）法释〔2002〕27 号

最高人民法院关于审理反倾销行政案件应用法律若干问题的规定

（2002 年 9 月 11 日最高人民法院审判委员会第 1242 次会议通过　2002 年 11 月 21 日公布　自 2003 年 1 月 1 日起施行）法释〔2002〕35 号

最高人民法院关于审理反补贴行政案件应用法律若干问题的规定

（2002 年 9 月 11 日最高人民法院审判委员会第 1242 次会议通过　2002 年 11 月 21 日公布　自 2003 年 1 月 1 日起施行）法释〔2002〕36 号

最高人民法院关于印发《关于审理行政案件适用法律规范问题的座谈会纪要》的通知

（2004 年 5 月 18 日）法〔2004〕96 号

最高人民法院关于行政诉讼撤诉若干问题的规定

（2007 年 12 月 17 日最高人民法院审判委员会第 1441 次会议通过　2008 年 1 月 14 日公布　自 2008 年 2 月 1 日起施行）法释〔2008〕2 号

最高人民法院关于审理行政协议案件若干问题的规定

（2019年11月12日最高人民法院审判委员会第1781次会议通过 2019年11月27日公布 自2020年1月1日起施行） 法释〔2019〕17号

最高人民法院关于正确确定县级以上地方人民政府行政诉讼被告资格若干问题的规定

（2021年2月22日最高人民法院审判委员会第1832次会议通过 2021年3月25日公布 自2021年4月1日起施行） 法释〔2021〕5号

中华人民共和国国家赔偿法

（1994年5月12日第八届全国人民代表大会常务委员会第七次会议通过 根据2010年4月29日第十一届全国人民代表大会常务委员会第十四次会议《关于修改〈中华人民共和国国家赔偿法〉的决定》第一次修正 根据2012年10月26日第十一届全国人民代表大会常务委员会第二十九次会议《关于修改〈中华人民共和国国家赔偿法〉的决定》第二次修正）

最高人民法院关于人民法院赔偿委员会审理国家赔偿案件程序的规定

（2011年2月28日最高人民法院审判委员会第1513次会议通过 2011年3月17日公布 自2011年3月22日起施行） 法释〔2011〕6号

最高人民法院关于人民法院赔偿委员会适用质证程序审理国家赔偿案件的规定

（2013年12月16日最高人民法院审判委员会第1600次会议通过 2013年12月19日公布 自2014年3月1日起施行） 法释〔2013〕27号

最高人民法院关于人民法院执行《中华人民共和国国家赔偿法》几个问题的解释

（最高人民法院审判委员会第811次会议讨论通过 1996年5月6日发布） 法发〔1996〕15号

最高人民法院关于适用《中华人民共和国国家赔偿法》若干问题的解释（一）

（2011年2月14日最高人民法院审判委员会第1511次会议通过 2011年2月28日公布 自2011年3月18日起施行） 法释〔2011〕4号

最高人民法院关于审理行政赔偿案件若干问题的规定

（2021年12月6日最高人民法院审判委员会第1855次会议通过 2022年3月20日公布 自2022年5月1日起施行） 法释〔2022〕10号

最高人民法院关于审理民事、行政诉讼中司法赔偿案件适用法律若干问题的解释

（2016年2月15日最高人民法院审判委员会第1678次会议通过 2016年9月7日公布 自2016年10月1日起施行） 法释〔2016〕20号

最高人民法院、最高人民检察院关于办理刑事赔偿案件适用法律若干问题的解释

（2015 年 12 月 14 日最高人民法院审判委员会第 1671 次会议、2015 年 12 月 21 日最高人民检察院第十二届检察委员会第 46 次会议通过　2015 年 12 月 28 日公布　自 2016 年 1 月 1 日起施行）法释〔2015〕24 号

最高人民法院关于审理国家赔偿案件确定精神损害赔偿责任适用法律若干问题的解释

（2021 年 2 月 7 日最高人民法院审判委员会第 1831 次会议通过　2021 年 3 月 24 日公布　自 2021 年 4 月 1 日起施行）法释〔2021〕3 号

最高人民法院关于审理司法赔偿案件适用请求时效制度若干问题的解释

（2023 年 4 月 3 日最高人民法院审判委员会第 1883 次会议通过　2023 年 5 月 23 日公布　自 2023 年 6 月 1 日起施行）法释〔2023〕2 号

民　法

第一编　总　　则

第一章　民法概述

基本要求

了解或理解：民法的概念，民法的调整对象，民事法律关系的概念和特征、要素，民事权利、民事义务、民事责任的概念及分类，民事法律事实的概念及分类，民事权利客体的概念和类型。

熟悉并能够运用：民法的各项基本原则的含义及其适用，民事权利的行使原则，民事责任的承担方式，不承担民事责任的情形，民事责任竞合规则。

考试内容

第一节　民法的概念和调整对象

民法的概念　民法典　民法的调整对象（平等主体间的人身关系　平等主体间的财产关系）　民法的适用

第二节　民法的基本原则

民法的基本原则（民事权益受法律保护原则　平等原则　自愿原则　公平原则　诚信原则　合法和公序良俗原则　绿色原则）

第三节　民事法律关系

民事法律关系的概念和特征　民事法律关系的要素（民事法律关系的主体　民事法律关系的客体　民事法律关系的内容）　民事权利（民事权利的概念　民事权利的类型）　民事权利的行使　滥用权利　民事权利的救济（民事权利的公力救济　民事权利的自力救济）　民事义务（民事义务的概念　法定义务与约定义务　基本义务与附随义务）　民

事法律事实（民事法律事实的概念　事件　行为）

第四节　民事权利客体

物（物的概念和特征　物的分类　货币和有价证券）　人格利益和身份利益　无体财产　其他民事权利客体

第五节　民事责任

民事责任的概念和特征　民事责任的分类（违约责任、侵权责任与其他责任　按份责任与连带责任）　承担民事责任的方式　不承担民事责任的情形（不可抗力　正当防卫　紧急避险　紧急救助行为）　因保护他人权益使自己受到损害的民事责任　侵害英雄烈士等人格权的民事责任　民事责任竞合　民事责任的优先适用

第二章　自　然　人

基本要求

了解或理解：自然人的民事权利能力和民事行为能力的概念，自然人的住所的概念及法律意义，监护的概念、监护人的职责、监护的终止，宣告失踪和宣告死亡的概念和法律要件，个体工商户、农村承包经营户的概念。

熟悉并能够运用：自然人的民事权利能力的开始和终止，胎儿利益的特殊保护，自然人民事行为能力的类型及其特点，监护的设立和撤销规则，宣告失踪和宣告死亡的效力及撤销宣告的法律后果，个体工商户、农村承包经营户的财产责任承担。

考试内容

第一节　自然人的民事权利能力

自然人的概念　自然人的民事权利能力（自然人民事权利能力的概念　自然人民事权利能力的开始　自然人民事权利能力的终止）　胎儿利益的特殊保护

第二节　自然人的民事行为能力

自然人民事行为能力的概念　自然人民事行为能力的类型（完全民事行为能力　限制民事行为能力　无民事行为能力）　自然人民事行为能力的宣告

第三节　自然人的住所与监护

住所（住所的概念　住所的法律意义）　监护的概念　监护的设立（法定监护　意定监护）　监护人的职责　监护人资格的撤销　监护的终止

第四节　宣告失踪与宣告死亡

宣告失踪（宣告失踪的概念　宣告失踪的法律要件　宣告失踪的效力　失踪宣告的撤销）　宣告死亡（宣告死亡的概念　宣告死亡的法律要件　宣告死亡的效力　死亡宣告的撤销）　宣告失踪与宣告死亡的关系

第五节　个体工商户和农村承包经营户

个体工商户、农村承包经营户的概念　个体工商户、农村承包经营户的财产责任

第三章　法人和非法人组织

基本要求

了解或理解：法人的概念和特征，法人应具备的条件，营利法人、非营利法人、特别法人、非法人组织的概念和类型，法人的设立方式和设立的要件，法人终止的原因及清算规则，法人章程的性质，法人机构的类型，法人的登记，非法人组织的概念和类型，非法人组织的设立和民事责任承担。

熟悉并能够运用：法人的分类，法人的民事权利能力、民事行为能力和责任能力，法人人格否认的条件和效力，法人的法定代表人行为的责任承担，法人的合并与分立规则。

考试内容

第一节　法人概述

法人的概念和特征　法人的分类（公法人和私法人　营利法人和非营利法人　社团法人和财团法人　一般法人和特别法人）

第二节　法人的能力

法人的民事权利能力（法人民事权利能力的概念和特征　法人民事权利能力的范围及限定）法人的民事行为能力　法人的责任能力　法人的章程　法人人格否认

第三节　法人的法定代表人和组织机构

法人的法定代表人的概念和法律地位　法人组织机构的概念和类型（权力机构　执行机构　监督机构）法人的分支机构

第四节　法人的成立、变更和终止

法人的设立（法人设立的概念　法人设立方式）法人的成立的要件

法人的变更（法人变更的概念　法人的合并与分立）法人的终止（法人终止的概念　法人解散　法人的清算　注销登记）法人的登记（法人登记的概念　法人登记的类型）

第五节　非法人组织

非法人组织的概念和特征　非法人组织的类型　非法人组织的设立

非法人组织民事责任的承担

第四章　民事法律行为

基本要求

了解或理解：民事法律行为的概念和特征，民事法律行为的分类及法律意义，无效民事法律行为、可撤销民事法律行为、效力未定民事法律行为以及未生效民事法律行为的概念。

熟悉并能够运用：民事法律行为成立的共同要件、特别要件，民事法律行为成立的效力，民事法律行为的有效和生效条件，意思表示的类型和生效、解释规则，附条件与附期限的民事法律行为，无效民事法律行为的类型、效果，民事法律行为的部分无效规则，可撤销民事法律行为的类型、效果，效力未定民事法律行为的类型、效果，违反未生效民事法律行为的责任，民事法律行为被确认无效、被撤销或确定不发生效力的法律后果。

考试内容

第一节 民事法律行为概述

民事法律行为的概念和特征 民事法律行为的类型（单方行为、多方行为与决议行为 财产行为与身份行为 有偿行为与无偿行为 诺成性行为与实践性行为 要式行为与不要式行为 有因行为与无因行为）

第二节 意思表示

意思表示的概念 意思表示的类型（明示意思表示与默示意思表示 有相对人的意思表示与无相对人的意思表示 对特定人的表示与对不特定人的表示 对话表示与非对话表示 电子数据方式表示） 意思表示的效果（意思表示的拘束力 意思表示的撤回与撤销） 意思表示的解释

第三节 民事法律行为的成立与生效

民事法律行为的成立（民事法律行为成立的共同要件 民事法律行为成立的特别要件 民事法律行为成立的效力） 民事法律行为的有效和生效

第四节 附条件和附期限的民事法律行为

附条件的民事法律行为（附条件的民事法律行为的概念 民事法律行为所附条件的特征 民事法律行为所附条件的类型 民事法律行为所附条件的成就 民事法律行为所附条件对当事人的约束力） 附期限的民事法律行为（附期限的民事法律行为的概念 期限的法律要件

期限与条件的区别　生效期限和终止期限　期限的效力）

第五节　无效民事法律行为

无效民事法律行为的概念　无效民事法律行为的类型（无民事行为能力人实施的行为　虚假的民事法律行为　恶意串通行为　违反强制性规范及违背公序良俗的行为）　民事法律行为的部分无效

第六节　可撤销的民事法律行为

可撤销民事法律行为的概念　可撤销民事法律行为的类型（重大误解　欺诈　胁迫　显失公平）　可撤销民事法律行为的效果（撤销权的概念　撤销权的除斥期间）

第七节　效力未定的民事法律行为

效力未定民事法律行为的概念　效力未定民事法律行为的类型（限制民事行为能力人实施的行为　欠缺代理权的代理行为　职务代理人超越代理权限且相对人未尽到合理审查义务所成立的民事法律行为　法定代表人越权代表且相对人未尽到合理审查义务所实施的民事法律行为　法定代表人、负责人或者代理人与相对人恶意串通行为）　效力未定民事法律行为的效果（追认权　催告权　撤销权）

第八节　未生效的民事法律行为

未生效民事法律行为的概念　违反未生效民事法律行为的责任（判决一方履行报批义务前的责任　判决一方履行报批义务后的责任　不予批准应当承担迟延报批的责任）

第九节　民事法律行为被确认无效、被撤销或确定不发生效力的后果

民事法律行为被确认无效、被撤销或者确定不发生效力的具体法律后果（返还财产　折价补偿　赔偿损失）　民事法律行为被确认无效、被撤销或者确定不发生效力情形下的第三人责任　民事法律行为被确认无效、被撤销或者确定不发生效力不影响争议解决条款的效力

第五章　代　　理

基本要求

了解或理解：代理的概念、特征和法律要件，代理的类型，代理权的概念。

熟悉并能够运用：复代理的要件、效力，代理权的发生、授予，代理权的滥用，狭义无权代理的类型、效果，表见代理的要件、效果。

考试内容

第一节　代理的概念和类型

代理的概念和特征　代理的法律要件　代理的类型（直接代理与间接代理　意定代理与法定代理　一般代理与特别代理　本代理与复代理　单独代理与共同代理）

第二节　代理权

代理权的概念　代理权的发生（法定代理权的取得　委托代理权的取得）　代理权的授予　代理权的滥用（自己代理　双方代理　利己代理　恶意代理）　代理权的终止（委托代理权终止的原因　法定代理权终止的原因）

第三节　无权代理

无权代理的概念　狭义的无权代理（狭义无权代理的类型　狭义无权代理的效果）　表见代理（表见代理的概念　表见代理的法律要件　表见代理的效果　表见代理争议中的举证责任）

第六章　诉讼时效与期间

基本要求

了解或理解：诉讼时效的概念和特征，诉讼时效与除斥期间的区别，期间的含义、性质、效力、类型。

熟悉并能够运用：诉讼时效的法律要件、适用范围和法律效果，不适用诉讼时效的请求权，诉讼时效期间的起算以及中止、中断、延长，期间的计算方法，确定始期与终期的基本规则。

考试内容

第一节　诉讼时效

诉讼时效的概念和特征（时效　诉讼时效　诉讼时效的特征　诉讼时效与除斥期间）　诉讼时效的适用范围　不适用诉讼时效的请求权　诉讼时效的法律效果　诉讼时效期间（普通诉讼时效期间　特殊诉讼时效期间）　诉讼时效期间的起算　诉讼时效期间的中止、中断和延长

第二节　期间

期间的含义　期间的效力　期间的性质及类型　期间的计算方法　始期与终期

第二编　物　　权

第七章　物权概述

基本要求

了解或理解：物权的概念和特征，物权法定原则，物权的分类的标准及意义，物权变动的概念，物权变动模式。

熟悉并能够运用：物权的效力，物权变动的原则，物权的变动原因，物权的公示方式，物权的保护方法。

考试内容

第一节　物权的概念和效力

物权的概念和特征　物权的效力（物权的优先效力　物上请求权）

第二节　物权的类型

物权法定原则　民法上物权的种类（所有权　用益物权　担保物权）　民法学上物权的分类（自物权与他物权　动产物权、不动产物权和以权利为客体的物权　主物权与从物权）

第三节　物权的变动

物权的变动的概念　物权的变动的原则（公示原则　公信原则）　物权变动模式　物权的变动的原因（物权的取得原因　物权的消灭原因）　物权的公示（交付及其法律效果　登记及其法律效果）

第四节　物权的保护

物权的保护的概念　物权的保护方法（确认产权　恢复原状　返还原物　排除妨碍　损害赔偿）

第八章　所　有　权

基本要求

了解或理解：所有权的概念和特征，所有权的内容、种类，相邻关系的概念、处理原则和主要类型，国家所有权的概念和特征、客体、保护，集体所有权的概念、主体、行使和保护，私人所有权、法人所有权的内容，共有、按份共有、共同共有、准共有的概念，共同共有的主要类型，共有物的分割方式。

熟悉并能够运用：业主的建筑物区分所有权的行使规则，共有内、外部关系的基本规则，共有人优先购买权的行使规则，所有权的特别取得方法的基本规则。

考试内容

第一节　所有权概述

所有权的概念与特征　所有权的内容（占有　使用　收益　处分）

第二节　国家所有权、集体所有权、私人所有权与其他所有权

国家所有权　集体所有权　私人所有权　法人所有权(营利法人所有权　其他法人所有权)

第三节　业主的建筑物区分所有权

业主的建筑物区分所有权的概念　业主的建筑物区分所有权的内容(专有部分的单独所有权　共有部分的共有权　业主的管理权)

第四节　相邻关系

相邻关系(相邻关系的概念和特征　处理相邻关系的原则　几种主要的相邻关系)

第五节　共有

共有的概念和特征(准共有)　按份共有(按份共有的概念与性质　按份共有的内部关系　按份共有的外部关系　共有物的分割)　共同共有(共同共有的概念和特征　共同共有的内外部关系　共同共有的类型)

第六节　所有权的特别取得方法

善意取得　拾得遗失物　发现埋藏物　主物转让时从物的所有权归属与孳息所有权的归属　添附(加工　附合　混合)

第九章　用 益 物 权

基本要求

了解或理解：用益物权以及土地承包经营权、建设用地使用权、宅基地使用权、居住权、地役权的概念和特征。

熟悉并能够运用：土地承包经营权、建设用地使用权、宅基地使用权、居住权、地役权的内容及其变动规则。

考试内容

第一节　用益物权的概念和特征

用益物权的概念　用益物权的特征

第二节　土地承包经营权

土地承包经营权的概念和特征　土地承包经营权的取得　承包人的权利和义务（承包人的权利　承包人的义务）　发包人的权利和义务　土地经营权的流转

第三节　建设用地使用权

建设用地使用权的概念和特征　建设用地使用权的产生和期限　建设用地使用权的内容

第四节　宅基地使用权

宅基地使用权的概念和特征　宅基地使用权的内容

第五节　居住权

居住权的概念和特征　居住权的设立和内容　居住权的消灭

第六节　地役权

地役权的概念和特征　地役权的取得　地役权的内容（地役权人的权利　地役权人的义务）　地役权的消灭

第十章　担保物权

基本要求

了解或理解：抵押权、质权、留置权的概念和特征。

熟悉并能够运用：抵押权的设立规则，抵押权当事人的权利，抵押权的实现规则，特殊抵押权的特别规则，动产质权、权利质权设立规则，动产质权当事人的权利和义务，留置权成立的积极、消极条件，留置权的效力，担保物权的竞合规则。

考试内容

第一节　担保物权概述

担保物权的概念与特征（担保物权的概念和属性　反担保）**担保财产**（担保财产的特征　担保财产的范围）**担保物权的设立**（基于法律行为而设立担保物权　基于法律规定而产生担保物权　物的担保和人的担保并存及其处理）**担保物权的效力**（担保物权所担保的债权范围　主债权债务合同的变更、转让对担保物权的影响　担保物权的物上代位）**担保物权的消灭**（主债权消灭　担保物权实现　债权人放弃担保物权　法律规定担保物权消灭的其他情形　主债权诉讼时效届满对抵押权的影响）

第二节　抵押权

抵押权概述　**抵押权的设定**（抵押权的设定概述　抵押合同　抵押登记　同一财产之上设立多个抵押）**抵押人**（以公益为目的的非营利法人、非法人组织　公司对外提供担保应当遵循的法定程序　分公司对外担保）**抵押财产**（抵押财产概述　抵押财产的典型形态　禁止抵押的财产　房地一并抵押）**抵押权的效力**（抵押人的权利和义务　抵押权人的权利和义务　抵押权的顺位）**动产抵押**（动产抵押概述　动产抵押登记的效力　动产浮动抵押　价款超级优先权）**最高额抵押**（最高额抵押的概念　最高额抵押权所担保的债权范围　最高额抵押担保的债权的转让　最高额抵押所担保的债权的确定　最高额抵押的变更　最高额抵押的实现）**抵押权的实现**（抵押权实现概述　抵押权实现的条件　抵押权实现的方式　抵押权人的优先受偿　抵押权实现的其他问题）

第三节　质权

质权的概念和特征　**动产质权**（动产质权的设立　动产质权当事人的权利和义务）**权利质权**（权利质权的设立　权利质权的标的）

第四节　留置权

留置权的概念和特征　留置权的取得（留置权取得的积极要件　留置权取得的消极要件）　留置权的效力（留置权人的权利　留置权人的义务）　留置权的消灭

第五节　担保物权的竞合

担保物权竞合的概念和成立条件　担保物权竞合时各担保物权的实现顺位规则

第十一章　占　　有

基本要求

了解或理解：占有的概念和性质，占有的种类，占有的取得和消灭。

熟悉并能够运用：占有的事实推定和权利推定效力，占有人与返还请求权人的关系，占有人的自力救济权和占有保护请求权的基本规则。

考试内容

第一节　占有概述

占有的概念和性质　占有的种类（自主占有与他主占有　直接占有与间接占有　有权占有与无权占有　善意占有与恶意占有　无过失占有与有过失占有　无瑕疵占有与有瑕疵占有）

第二节　占有的效力和保护

占有的推定（事实的推定　权利的推定）　占有人与返还请求权人的关系　占有的保护（占有人的自力救济权　占有保护请求权）

第三节　占有的取得和消灭

占有的取得（直接占有的取得　间接占有的取得）　占有的消灭

第三编　合　　同

第十二章　债与合同概述

基本要求

了解或理解：债的概念、要素和发生原因，合同的概念和特征。

熟悉并能够运用：债与合同的分类及其意义。

考试内容

第一节　债的概述

债的概念和特征　债的要素　债的发生原因　债的分类

第二节　合同概述

合同的概念和特征　合同的分类

第十三章　合同的订立和效力

基本要求

了解或理解：合同的形式和内容，合同订立、合同成立、合同生效、格式条款、缔约过失责任的概念。

熟悉并能够运用：合同订立的基本规则及合同成立的标准，格式条款的订立、效力规则和解释规则，缔约过失责任的构成要件和赔偿范围，合同效力的一般与特殊规则。

考试内容

第一节　合同的订立

合同的形式和内容　合同订立的一般方式（要约　承诺）　合同的特殊订立方式（确认书　电子商务合同　悬赏广告　招标投标　拍卖　强

制缔约） 合同的成立　合同的解释（合同解释的概念　合同解释的基本规则） 格式条款　缔约过失责任

第二节　合同的效力

合同的有效与生效　合同效力的特殊规则

第十四章　合同的履行

基本要求

了解或理解：合同履行的概念和原则。

熟悉并能够运用：合同履行的主要内容及其一般规则，合同履行的特殊规则，同时履行抗辩权、不安抗辩权、先履行抗辩权的成立条件和行使规则，情势变更的构成要件和法律效果。

考试内容

第一节　合同履行概述

合同履行的概念　合同履行的原则　合同履行的一般规则（履行主体　履行标的　履行期限　履行地点　履行方式　履行费用）

第二节　合同履行的特殊规则

电子合同的履行　执行政府定价或政府指导价合同的履行　选择之债的履行　多数人之债的履行（按份之债　连带之债） 涉他合同的履行（向第三人履行　由第三人履行） 第三人代为履行　债权人合并、分立或住所变更　提前履行　部分履行

第三节　双务合同履行抗辩权

同时履行抗辩权　不安抗辩权　先履行抗辩权

第四节　情势变更

情势变更的概念和构成要件　情势变更的法律效果

第十五章　合同的保全和债的担保

基本要求

了解或理解：合同保全、债权人代位权、债权人撤销权的概念，债的担保的概念和种类。

熟悉并能够运用：债权人代位权、债权人撤销权的成立要件、行使规则及其效力，定金担保的成立和效力规则。

考试内容

第一节　合同的保全

合同保全的概念　债权人代位权　债权人撤销权

第二节　债的担保

债的担保的概念和种类　定金

第十六章　合同的变更、转让和权利义务终止

基本要求

了解或理解：合同变更、转让、权利义务终止的概念。

熟悉并能够运用：合同变更、债权转让、债务转移的基本规则，合同权利义务终止的事由及其构成要件，合同解除的基本规则。

考试内容

第一节　合同的变更

合同变更的概念　合同变更的条件　合同变更的效力

第二节　合同的转让

债权转让　债务转移　债务加入　合同权利的概括移转

第三节　合同的权利义务终止

合同权利义务终止的概念和法律效果　清偿　合同解除　抵销　提存　债务免除　混同

第十七章　违 约 责 任

基本要求

了解或理解：违约行为的概念和主要形态，违约责任的具体形式。

熟悉并能够运用：违约责任的构成要件和免责事由，各种违约责任形式的适用条件。

考试内容

第一节　违约责任的构成与免除

违约行为的概念和主要形态　违约责任的概念和构成要件　违约责任的免责事由（不可抗力　免责条款）　因第三方原因违约的责任

第二节　违约责任的形式

继续履行责任　补救措施责任　赔偿损失责任　违约金责任　定金责任　违约金与定金的关系

第十八章　转移财产权利合同

基本要求

了解或理解：买卖合同、赠与合同、借款合同、租赁合同、融资租赁合同的法律特征。

熟悉并能够运用：各种转移财产权利合同的主要内容及履行规则。

考试内容

第一节　买卖合同

买卖合同的概念和特征　买卖合同的成立　标的物交付和所有权转移　标的物风险负担和孳息归属　标的物检验　违约责任　所有权保留　特种买卖合同（分期付款买卖　凭样品买卖　试用买卖　招投标买卖　拍卖）　商品房买卖合同

第二节　赠与合同

赠与合同的概念和特征　赠与合同当事人的权利和义务　赠与合同的终止

第三节　借款合同

借款合同的概念和特征　借款合同当事人的权利和义务　民间借贷的裁判规则

第四节　租赁合同

租赁合同的概念、特征和种类　租赁合同的主要内容及履行规则　买卖不破租赁　房屋租赁合同

第五节　融资租赁合同

融资租赁合同的概念和特征　融资租赁合同的认定及效力　融资租赁合同的主要内容及履行规则　融资租赁合同的解除　融资租赁物的所有权归属

第十九章　完成工作交付成果合同

基本要求

了解或理解：承揽合同、建设工程合同的概念和法律特征。

熟悉并能够运用：各种完成工作成果合同的主要内容及其效力规则、履行规则。

考试内容

第一节 承揽合同

承揽合同的概念、特征和种类　承揽合同的主要内容及履行规则　承揽合同的终止

第二节 建设工程合同

建设工程合同的概念和特征　建设工程合同的订立和效力　建设工程合同的主要内容及履行规则　建设工程施工合同的违约责任

第二十章　提供劳务合同

基本要求

了解或理解：保理合同、运输合同、保管合同、仓储合同、委托合同、物业服务合同、行纪合同、中介合同的概念和法律特征。

熟悉并能够运用：各种提供劳务合同的主要内容及履行规则。

考试内容

第一节 保理合同

保理合同的概念和特征　保理合同的主要内容及履行规则

第二节 运输合同

运输合同的概念和特征　客运合同、货运合同的主要内容及履行规则　多式联运合同的特殊规则

第三节 保管合同

保管合同的概念和特征　保管合同的主要内容及履行规则

第四节 仓储合同

仓储合同的概念和特征　仓储合同的主要内容及履行规则

第五节　委托合同

委托合同的概念和特征　委托合同的主要内容及履行规则　委托合同的终止

第六节　物业服务合同

物业服务合同的概念和特征　物业服务合同的主要内容及履行规则

第七节　行纪合同

行纪合同的概念和特征　行纪合同的主要内容及履行规则

第八节　中介合同

中介合同的概念和特征　中介合同的主要内容及履行规则

第二十一章　技 术 合 同

基本要求

了解或理解：技术合同的概念和法律特征。

熟悉并能够运用：技术合同的一般规则及各种技术合同的特有规则。

考试内容

第一节　技术合同概述

技术合同的概念和特征　技术合同的订立和主要内容　技术合同的价款、报酬和使用费的支付　技术合同成果的权利归属和风险负担　技术合同无效的特殊规定

第二节　技术开发合同

技术开发合同的概念和特征　委托开发合同当事人的权利和义务　合作开发合同当事人的权利和义务

第三节　技术转让合同和技术许可合同

技术转让合同、技术许可合同的概念和特征　技术转让合同、技术许可合同当事人的权利和义务

第四节　技术咨询合同和技术服务合同

技术咨询合同和技术服务合同的概念和特征　技术咨询合同和技术服务合同当事人的权利和义务

第二十二章　保证合同、合伙合同

基本要求

了解或理解：保证合同、合伙合同的概念和法律特征。

熟悉并能够运用：保证合同、合伙合同的主要内容及履行规则。

考试内容

第一节　保证合同

保证合同的概念和特征　保证合同的成立和效力　保证责任

第二节　合伙合同

合伙合同的概念和特征　合伙财产　合伙事务　合伙利润分配与债务承担　合伙合同的终止

第二十三章　准　合　同

基本要求

了解或理解：不当得利、无因管理的概念。

熟悉并能够运用：不当得利和无因管理的成立要件，不当得利之债和无因管理之债的内容。

考试内容

第一节　不当得利

不当得利的概念　不当得利的成立要件　不当得利的基本类型　不当得利之债的内容

第二节　无因管理

无因管理的概念　无因管理的成立要件　无因管理之债的内容

第四编　人　格　权

第二十四章　人格权概述

基本要求

了解或理解：人格权的概念、特征和分类，人格权与身份权的区别。

熟悉并能够运用：人格权保护的一般规则。

考试内容

第一节　人格权的概念和分类

人格权的概念　人格权的特征　人格权与身份权　人格权的分类

第二节　人格权保护的一般规则

人格要素的使用（许可使用　合理使用）人格权的延伸保护　人格权请求权与诉讼时效　违约责任与人格权保护　人格权的禁令保护　人格权侵权责任的认定

第二十五章　具体人格权

基本要求

了解或理解：生命权、身体权、健康权、姓名权、名称权、肖像权、名誉权、荣誉权、隐私权、个人信息的概念和特征。

熟悉并能够运用：各种具体人格权的保护。

考试内容

第一节　生命权、身体权、健康权

生命权、身体权、健康权的概念和特征　生命权、身体权、健康权的保护

第二节　姓名权、名称权

姓名权、名称权的概念和特征　姓名权、名称权的保护

第三节　肖像权

肖像权的概念和特征　肖像权的保护

第四节　名誉权和荣誉权

名誉权、荣誉权的概念和特征　名誉权、荣誉权的保护

第五节　隐私权和个人信息保护

隐私权、个人信息的概念和特征　个人在个人信息处理活动中的权利　隐私权、个人信息的保护

第五编　婚姻家庭

第二十六章　婚姻家庭概述

基本要求

了解或理解：婚姻、亲属及相关概念。

熟悉并能够运用：婚姻家庭法的基本原则。

考试内容

第一节　婚姻、亲属的概念

婚姻的概念　亲属、近亲属、家庭成员的概念

第二节　婚姻家庭法的基本原则

婚姻自由原则　一夫一妻原则　男女平等原则　保护妇女、未成年人、老年人、残疾人合法权益原则　夫妻相互忠实、尊重原则　家庭成员敬老爱幼、互帮互助原则　最有利于被收养人原则

第二十七章　结婚和离婚

基本要求

了解或理解：结婚、离婚的概念。

熟悉并能够运用：结婚的条件，无效婚姻、可撤销婚姻的基本规则，协议离婚和诉讼离婚的基本规则，离婚的法律后果。

考试内容

第一节　结婚

结婚的概念（结婚与同居的区别　同居期间所得财产的处理）结婚的条件（结婚行为的成立要件　结婚行为的生效要件）结婚登记机关和程序　无效婚姻（无效婚姻的概念和事由　婚姻无效的确认　无效婚姻的法律后果）可撤销婚姻（可撤销婚姻的概念和事由　撤销权的行使）

第二节　离婚

协议离婚（协议离婚的概念和条件　协议离婚的程序　离婚登记申请的撤回）诉讼离婚（准予离婚的法定条件　诉讼离婚中的两项特殊保护规则）离婚时的财产处理和债务清偿（离婚时夫妻财产分割的范围和原则　特殊类型夫妻共同财产的分割　离婚时房屋的处理　离婚时

给予子女财产　夫妻共同财产的少分或者不分和离婚后再次分割　债务的清偿）**离婚后的子女抚养**（离婚后抚养关系的确定和变更　抚养费的负担和变更　探望权）**离婚救济制度**（离婚经济补偿　离婚经济帮助　离婚损害赔偿）

第二十八章　家庭关系

基本要求

了解或理解：夫妻关系、父母子女关系和其他近亲属关系的概念。

熟悉并能够运用：夫妻关系、父母子女关系和其他近亲属关系的内容。

考试内容

第一节　夫妻关系

夫妻关系的概念　夫妻人身关系　日常家事代理权　法定夫妻财产制（夫妻共同财产　夫妻一方的个人财产　夫妻共同债务）约定夫妻财产制　婚内财产分割请求权

第二节　父母子女关系和其他近亲属关系

自然血亲的父母子女关系（亲子关系的确认与否定制度　婚生父母子女关系　非婚生的父母子女关系）继父母子女关系　祖父母、外祖父母与孙子女、外孙子女关系　兄弟姐妹关系

第二十九章　收　　养

基本要求

了解或理解：收养的概念。

熟悉并能够运用：收养关系的成立、效力及解除规则。

考试内容

第一节　收养关系的成立和效力

收养的概念　被收养人、送养人、收养人的条件　收养的限制规则　收养关系的成立时间　收养的效力

第二节　收养关系的解除

收养关系的协议解除　收养关系的诉讼解除　收养关系解除的法律效果

第六编　继　　承

第三十章　继承概述

基本要求

了解或理解：继承、继承权的概念。

熟悉并能够运用：继承权的取得、放弃、丧失、保护的基本规则。

考试内容

第一节　继承与继承权

继承的概念　继承权的概念和特征

第二节　继承权的取得、放弃、丧失和保护

继承权的取得　继承权的放弃　继承权的丧失　继承权的保护

第三十一章　法定继承

基本要求

了解或理解：法定继承的概念。

熟悉并能够运用：法定继承的适用条件，继承人的范围与顺序，代位继承的适用条件，法定继承中的遗产分配的基本规则。

考试内容

第一节　法定继承概述

法定继承的概念和特征　法定继承的适用范围

第二节　法定继承人的范围和顺序

法定继承人的范围　法定继承的顺序

第三节　代位继承

代位继承的概念　代位继承的条件

第四节　法定继承中的遗产分配

法定继承的遗产分配规则　对继承人以外的人酌情分配遗产的特殊规则

第三十二章　遗嘱继承和遗赠

基本要求

了解或理解：遗嘱继承、遗赠的概念和适用条件。

熟悉并能够运用：遗嘱的形式及其效力规则，遗赠的法律特征及其效力规则。

考试内容

第一节　遗嘱继承概述

遗嘱继承的概念　遗嘱继承的适用条件

第二节　遗嘱

遗嘱的概念和特征　遗嘱的形式（自书遗嘱　代书遗嘱　打印遗嘱　录音录像遗嘱　口头遗嘱　公证遗嘱）　数份遗嘱内容的认定　无效遗嘱　遗嘱的变更和撤回　附义务遗嘱

第三节　遗赠

遗赠的概念和特征　遗赠扶养协议

第三十三章　遗产的处理

基本要求

了解或理解：遗产的概念，遗产管理人的概念、确定及其职责。

熟悉并能够运用：遗产分割和债务清偿的基本规则，无人继承又无人受遗赠的遗产的处理规则。

考试内容

第一节　遗产的管理

遗产的概念和范围　遗产管理人的确定　遗产管理人的职责　继承的通知和遗产的保管

第二节　遗产的分割和债务清偿

遗产分割　被继承人的债务清偿（被继承人债务的确定　清偿被继承人债务的原则）　无人继承又无人受遗赠的遗产的处理

第七编　侵权责任

第三十四章　侵权责任概述

基本要求

了解或理解：侵权责任的概念与分类，侵权责任的归责原则。

熟悉并能够运用：侵权责任的基本构成要件和责任减免事由，数人侵权的侵权责任，侵权责任的承担方式。

考试内容

第一节　侵权责任的概念与分类

侵权行为的概念和特征　侵权行为的分类（一般侵权责任与特殊侵权责任　自己责任与替代责任　连带责任、按份责任与补充责任）

第二节　侵权责任的归责原则

侵权责任归责原则的概念　过错责任原则（过错责任　过错推定责任）　无过错责任　公平责任

第三节　侵权责任的基本构成要件

加害行为　损害事实　因果关系　主观过错

第四节　数人侵权的侵权责任

共同侵权行为　共同危险行为　教唆、帮助行为　无意思联络的数人侵权

第五节　侵权责任的免除和减轻事由

受害人过错　受害人故意　第三人过错　自甘风险　自助行为

第六节　侵权责任的承担方式

侵权责任的主要承担方式　财产损害赔偿（人身伤亡的财产损害赔偿　侵害其他人身权益的财产损害赔偿　侵害财产权益的财产损害赔偿　侵权之债的抵销）　非财产损害赔偿　惩罚性赔偿

第三十五章　特殊侵权责任

基本要求

了解或理解：特殊侵权责任的类型。

熟悉并能够运用：监护人责任、用人者责任、网络侵权责任、违反安全保障义务的侵权责任、教育机构的侵权责任、产品责任、机动车交通事故责任、医疗

损害责任、环境污染和生态破坏责任、高度危险责任、饲养动物损害责任、建筑物和物件损害责任的构成、责任减免事由与责任承担规则。

考试内容

第一节　监护人责任

监护人责任的构成要件　监护人责任的承担　监护人责任的减轻

第二节　用人者责任

用人者责任的构成要件　用人者责任的承担　提供劳务一方受害的侵权责任　定作人责任

第三节　网络侵权责任

通知规则下的网络侵权责任　知道规则下的网络侵权责任

第四节　违反安全保障义务的侵权责任

违反安全保障义务责任的构成要件　违反安全保障义务的责任承担

第五节　教育机构的侵权责任

教育机构侵权责任的归责原则　教育机构侵权责任的构成要件　教育机构侵权责任的承担

第六节　产品责任

产品责任的归责原则　产品责任的构成要件　产品责任的承担主体　惩罚性赔偿责任　产品责任的免责事由

第七节　机动车交通事故责任

机动车交通事故责任的归责原则　机动车交通事故责任的构成要件　机动车交通事故责任的责任主体

第八节　医疗损害责任

医疗损害责任的构成要件　医疗活动中的其他责任　医疗损害责任的免责事由

第九节　环境污染和生态破坏责任

环境污染责任　生态破坏责任　环境污染和生态破坏责任的构成要件　环境污染和生态破坏的责任形式

第十节　高度危险责任

民用核事故致害责任　民用航空器致害责任　高度危险物致害责任　高度危险活动致害责任　高度危险区域致害责任

第十一节　饲养动物损害责任

饲养动物损害责任的构成要件　饲养动物损害责任的承担　饲养动物损害责任的减轻或免责事由

第十二节　建筑物和物件损害责任

建筑物、构筑物或者其他设施倒塌、塌陷致害责任　建筑物、构筑物或者其他设施及其搁置物、悬挂物脱落、坠落损害责任　建筑物中抛掷物品或者建筑物上坠落物品致害责任　堆放物倒塌、滚落或者滑落致害责任　公共道路堆放、倾倒、遗撒妨碍通行的物品致害责任　林木折断、倾倒或果实坠落损害责任　地下施工及地下设施致人损害责任

附录：法律法规目录

中华人民共和国民法典

（2020 年 5 月 28 日第十三届全国人民代表大会第三次会议通过　2020 年 5 月 28 日中华人民共和国主席令第 45 号公布　自 2021 年 1 月 1 日起施行）

中华人民共和国个人信息保护法

（2021 年 8 月 20 日第十三届全国人民代表大会常务委员会第三十次会议通过　2021 年 8 月 20 日中华人民共和国主席令第 91 号公布　自 2021 年 11 月 1

日起施行）

最高人民法院关于适用《中华人民共和国民法典》时间效力的若干规定

（2020年12月14日最高人民法院审判委员会第1821次会议通过　2020年12月29日公布　自2021年1月1日起施行）法释〔2020〕15号

最高人民法院关于适用《中华人民共和国民法典》总则编若干问题的解释

（2021年12月30日最高人民法院审判委员会第1861次会议通过　2022年2月24日公布　自2022年3月1日起施行）法释〔2022〕6号

最高人民法院关于审理民事案件适用诉讼时效制度若干问题的规定

（2008年8月11日最高人民法院审判委员会第1450次会议通过　根据2020年12月23日最高人民法院审判委员会第1823次会议《关于修改〈最高人民法院关于在民事审判工作中适用《中华人民共和国工会法》若干问题的解释〉等二十七件民事类司法解释的决定》修正）法释〔2020〕17号

最高人民法院关于适用《中华人民共和国民法典》物权编的解释（一）

（2020年12月25日最高人民法院审判委员会第1825次会议通过　2020年12月29日公布　自2021年1月1日起施行）法释〔2020〕24号

最高人民法院关于适用《中华人民共和国民法典》有关担保制度的解释

（2020年12月25日最高人民法院审判委员会第1824次会议通过　2020年12月31日公布　自2021年1月1日起施行）法释〔2020〕28号

最高人民法院关于审理建筑物区分所有权纠纷案件适用法律若干问题的解释

（2009年3月23日最高人民法院审判委员会第1464次会议通过　根据2020年12月23日最高人民法院审判委员会第1823次会议《关于修改〈最高人民法院关于在民事审判工作中适用《中华人民共和国工会法》若干问题的解释〉等二十七件民事类司法解释的决定》修正）法释〔2020〕17号

最高人民法院关于适用《中华人民共和国民法典》合同编通则若干问题的解释

（2023年5月23日最高人民法院审判委员会第1889次会议通过　2023年12月4日公布　自2023年12月5日起施行）法释〔2023〕13号

最高人民法院关于审理买卖合同纠纷案件适用法律问题的解释

（2012年3月31日最高人民法院审判委员会第1545次会议通过　根据2020年12月23日最高人民法院审判委员会第1823次会议《关于修改〈最高人民法院关于在民事审判工作中适用《中华人民共和国工会法》若干问题的解释〉等二十七件民事类司法解释的决定》修正）法释〔2020〕17号

最高人民法院关于审理商品房买卖合同纠纷案件适用法律若干问题的解释

（2003 年 3 月 24 日最高人民法院审判委员会第 1267 次会议通过　根据 2020 年 12 月 23 日最高人民法院审判委员会第 1823 次会议《关于修改〈最高人民法院关于在民事审判工作中适用《中华人民共和国工会法》若干问题的解释〉等二十七件民事类司法解释的决定》修正）法释〔2020〕17 号

最高人民法院关于审理建设工程施工合同纠纷案件适用法律问题的解释（一）

（2020 年 12 月 25 日最高人民法院审判委员会第 1825 次会议通过　2020 年 12 月 29 日公布　自 2021 年 1 月 1 日起施行）法释〔2020〕25 号

最高人民法院关于审理技术合同纠纷案件适用法律若干问题的解释

（2004 年 11 月 30 日最高人民法院审判委员会第 1335 次会议通过　根据 2020 年 12 月 23 日最高人民法院审判委员会第 1823 次会议《关于修改〈最高人民法院关于审理侵犯专利权纠纷案件应用法律若干问题的解释（二）〉等十八件知识产权类司法解释的决定》修正）法释〔2020〕19 号

最高人民法院关于审理城镇房屋租赁合同纠纷案件具体应用法律若干问题的解释

（2009 年 6 月 22 日最高人民法院审判委员会第 1469 次会议通过　根据 2020 年 12 月 23 日最高人民法院审判委员会第 1823 次会议《关于修改〈最高人民法院关于在民事审判工作中适用《中华人民共和国工会法》若干问题的解释〉等二十七件民事类司法解释的决定》修正）法释〔2020〕17 号

最高人民法院关于审理融资租赁合同纠纷案件适用法律问题的解释

（2013 年 11 月 25 日最高人民法院审判委员会第 1597 次会议通过　根据 2020 年 12 月 23 日最高人民法院审判委员会第 1823 次会议《关于修改〈最高人民法院关于在民事审判工作中适用《中华人民共和国工会法》若干问题的解释〉等二十七件民事类司法解释的决定》修正）法释〔2020〕17 号

最高人民法院关于审理民间借贷案件适用法律若干问题的规定

（2015 年 6 月 23 日最高人民法院审判委员会第 1655 次会议通过　根据 2020 年 8 月 18 日最高人民法院审判委员会第 1809 次会议《关于修改〈关于审理民间借贷案件适用法律若干问题的规定〉的决定》第一次修正　根据 2020 年 12 月 23 日最高人民法院审判委员会第 1823 次会议《关于修改〈最高人民法院关于在民事审判工作中适用《中华人民共和国工会法》若干问题的解释〉等二十七件民事类司法解释的决定》第二次修正）法释〔2020〕17 号

最高人民法院关于适用《中华人民共和国民法典》婚姻家庭编的解释（一）

（2020 年 12 月 25 日最高人民法院审判委员会第 1825 次会议通过　2020 年 12 月 29 日公布　自 2021 年 1 月 1 日起施行）法释〔2020〕22 号

最高人民法院关于适用《中华人民共和国民法典》婚姻家庭编的解释（二）

（2024年11月25日最高人民法院审判委员会第1933次会议通过　2025年1月15日公布　自2025年2月1日起施行）法释〔2025〕1号

最高人民法院关于适用《中华人民共和国民法典》继承编的解释（一）

（2020年12月25日最高人民法院审判委员会第1825次会议通过　2020年12月29日公布　自2021年1月1日起施行）法释〔2020〕23号

最高人民法院关于适用《中华人民共和国民法典》侵权责任编的解释（一）

（2023年12月18日最高人民法院审判委员会第1909次会议通过　2024年9月25日公布　自2024年9月27日起施行）法释〔2024〕12号

最高人民法院关于确定民事侵权精神损害赔偿责任若干问题的解释

（2001年2月26日最高人民法院审判委员会第1161次会议通过　根据2020年12月23日最高人民法院审判委员会第1823次会议《关于修改〈最高人民法院关于在民事审判工作中适用《中华人民共和国工会法》若干问题的解释〉等二十七件民事类司法解释的决定》修正）法释〔2020〕17号

最高人民法院关于审理人身损害赔偿案件适用法律若干问题的解释

（2003年12月4日最高人民法院审判委员会第1299次会议通过　根据2020年12月23日最高人民法院审判委员会第1823次会议《关于修改〈最高人民法院关于在民事审判工作中适用《中华人民共和国工会法》若干问题的解释〉等二十七件民事类司法解释的决定》第一次修正　根据2022年2月15日最高人民法院审判委员会第1864次会议《关于修改〈最高人民法院关于审理人身损害赔偿案件适用法律若干问题的解释〉的决定》第二次修正）法释〔2022〕14号

最高人民法院关于审理利用信息网络侵害人身权益民事纠纷案件适用法律若干问题的规定

（2014年6月23日最高人民法院审判委员会第1621次会议通过　根据2020年12月23日最高人民法院审判委员会第1823次会议《关于修改〈最高人民法院关于在民事审判工作中适用《中华人民共和国工会法》若干问题的解释〉等二十七件民事类司法解释的决定》修正）法释〔2020〕17号

最高人民法院关于审理道路交通事故损害赔偿案件适用法律若干问题的解释

（2012年9月17日最高人民法院审判委员会第1556次会议通过　根据2020年12月23日最高人民法院审判委员会第1823次会议《关于修改〈最高人民法院关于在民事审判工作中适用《中华人民共和国工会法》若干问题的解释〉等二十七件民事类司法解释的决定》修正）法释〔2020〕17号

知识产权法

第一章　知识产权保护概述

基本要求

了解：知识产权的国际保护原则。

熟悉并能够运用：知识产权的民事责任、知识产权保护的诉讼时效和知识产权民事诉讼特殊程序的基本原理和规定。

考试内容

第一节　知识产权的民事保护

侵犯知识产权的民事责任　知识产权保护的诉讼时效　知识产权民事诉讼特殊程序（特殊级别管辖　减轻权利人的举证责任　知识产权被许可人的诉讼地位　请求确认不侵犯专利权之诉　技术调查官制度）

第二节　知识产权的国际保护

国际知识产权保护的基本原则（国民待遇原则　最惠国待遇原则　独立保护原则　自动保护原则　优先权原则）

第二章　著　作　权

基本要求

了解：作品的种类。

熟悉并能够运用：著作权客体、主体、内容、限制、保护的基本原理和规定及邻接权和计算机软件著作权的原理和规则。

考试内容

第一节　著作权的客体

作品的概念　作品的种类　著作权法不予保护的对象

第二节　著作权的主体

一般意义上的著作权主体（作者　继受人　外国人和无国籍人）演绎作品的著作权人（演绎作品的概念　演绎作品著作权的归属及行使）合作作品的著作权人（合作作品的概念　合作作品著作权的归属及行使）汇编作品的著作权人（汇编作品的概念　汇编作品著作权的归属及行使）视听作品的著作权人　职务作品的著作权人（职务作品的概念　职务作品的种类及著作权归属）委托作品的著作权人　原件所有权转移的作品著作权归属　作者身份不明的作品著作权归属

第三节　著作权的内容

著作人身权（发表权　署名权　修改权　保护作品完整权）著作财产权（使用权　许可使用权　转让权　获得报酬权）

第四节　著作权的限制

合理使用（合理使用的概念　合理使用的情形）法定许可使用　著作权的保护期限

第五节　邻接权

邻接权的概念　出版者权（出版者的权利内容　出版者的主要义务）表演者权（表演者权的主体和客体　表演者的权利内容　表演者的主要义务）录制者权（录制者权的主体和客体　录制者的权利和义务）播放者权（播放者权的主体和客体　播放者的权利和义务）

第六节　著作权侵权行为

著作权侵权行为的概念　承担民事责任的著作权侵权行为　承担综合法律责任的著作权侵权行为

第七节　计算机软件著作权

软件著作权的客体和主体（软件著作权的客体　软件著作权人及其权利归属）　软件著作权的内容（软件著作人身权　软件著作财产权）　软件著作权的期限和限制（软件著作权的期限　软件著作权的限制）　软件登记　侵犯软件著作权行为及法律责任（承担民事责任的侵权行为　承担综合法律责任的侵权行为　软件复制品有关主体的法律责任）

第三章　专　利　权

基本要求

了解：本章中有关法律术语的概念。

熟悉并能够运用：专利权主体、专利权客体、专利权的授予条件和程序、专利权的内容与限制、专利侵权行为及其法律责任的基本原理和规定。

考试内容

第一节　专利权的主体

发明人或设计人　发明人或设计人的单位　受让人　外国人、外国企业或外国其他组织

第二节　专利权的客体

发明　实用新型　外观设计　专利法不予保护的对象

第三节　授予专利权的条件

发明或者实用新型专利的授权条件（新颖性　创造性　实用性）　外观设计专利的授权条件（新颖性　实用性　富有美感　不与他人在先合法权利冲突）

第四节　授予专利权的程序

专利的申请（专利申请的原则　专利申请文件　专利申请日）　专利申

请的审批（发明专利的审批　实用新型和外观设计专利的审批）　专利的复审和无效宣告（专利复审　专利的无效宣告）

第五节　专利权的内容、期限与特别许可

专利权人的权利（独占实施权　实施许可权　转让权　标示权）　专利权人的义务　专利权的期限　专利权的特别许可（强制许可　开放许可　指定许可）

第六节　专利侵权行为

专利权的保护范围　专利侵权行为的界定（专利侵权行为的概念　专利侵权行为的表现形式）　不视为侵犯专利权的行为　现有技术抗辩　药品专利侵权纠纷早期解决机制

第四章　商　标　权

基本要求

了解：本章中有关法律术语的概念。

熟悉并能够运用：商标权的取得、商标权的内容、商标权的消灭、商标侵权行为及驰名商标保护的基本原理和规定。

考试内容

第一节　商标权的取得

取得商标权的途径　商标注册的原则（申请在先原则　诚实信用原则　自愿注册原则）　商标注册的条件（申请人的条件　商标构成的条件）　商标注册程序（申请的代理　注册申请　审查和核准）

第二节　商标权的内容

专用权　许可权　转让权　续展权　标示权　禁止权

第三节　商标权的消灭

注册商标的注销　注册商标的撤销　注册商标的无效宣告

第四节　商标侵权行为

商标侵权行为的概念　商标侵权行为的表现形式　商标权的限制

第五节　驰名商标的保护

驰名商标的概念　驰名商标的认定　驰名商标的特殊保护措施　驰名商标的宣传

附录:法律法规目录

中华人民共和国著作权法

（1990 年 9 月 7 日第七届全国人民代表大会常务委员会第十五次会议通过　根据 2001 年 10 月 27 日第九届全国人民代表大会常务委员会第二十四次会议《关于修改〈中华人民共和国著作权法〉的决定》第一次修正　根据 2010 年 2 月 26 日第十一届全国人民代表大会常务委员会第十三次会议《关于修改〈中华人民共和国著作权法〉的决定》第二次修正　根据 2020 年 11 月 11 日第十三届全国人民代表大会常务委员会第二十三次会议《关于修改〈中华人民共和国著作权法〉的决定》第三次修正）

中华人民共和国著作权法实施条例

（2002 年 8 月 2 日国务院令第 359 号公布　根据 2011 年 1 月 8 日《国务院关于废止和修改部分行政法规的决定》第一次修订　根据 2013 年 1 月 30 日《国务院关于修改〈中华人民共和国著作权法实施条例〉的决定》第二次修订）

最高人民法院关于审理著作权民事纠纷案件适用法律若干问题的解释

（2002 年 10 月 12 日最高人民法院审判委员会第 1246 次会议通过　根据 2020 年 12 月 23 日最高人民法院审判委员会第 1823 次会议《关于修改〈最高人民法院关于审理侵犯专利权纠纷案件应用法律若干问题的解释（二）〉等十八件知识产权类司法解释的决定》修正）　法释〔2020〕19 号

计算机软件保护条例

（2001年12月20日国务院令第339号公布　根据2011年1月8日《国务院关于废止和修改部分行政法规的决定》第一次修订　根据2013年1月30日《国务院关于修改〈计算机软件保护条例〉的决定》第二次修订）

信息网络传播权保护条例

（2006年5月18日国务院令第468号公布　根据2013年1月30日《国务院关于修改〈信息网络传播权保护条例〉的决定》修订）

最高人民法院关于审理侵害信息网络传播权民事纠纷案件适用法律若干问题的规定

（2012年11月26日最高人民法院审判委员会第1561次会议通过　根据2020年12月23日最高人民法院审判委员会第1823次会议《关于修改〈最高人民法院关于审理侵犯专利权纠纷案件应用法律若干问题的解释（二）〉等十八件知识产权类司法解释的决定》修正）　法释〔2020〕19号

中华人民共和国专利法

（1984年3月12日第六届全国人民代表大会常务委员会第四次会议通过　根据1992年9月4日第七届全国人民代表大会常务委员会第二十七次会议《关于修改〈中华人民共和国专利法〉的决定》第一次修正　根据2000年8月25日第九届全国人民代表大会常务委员会第十七次会议《关于修改〈中华人民共和国专利法〉的决定》第二次修正　根据2008年12月27日第十一届全国人民代表大会常务委员会第六次会议《关于修改〈中华人民共和国专利法〉的决定》第三次修正　根据2020年10月17日第十三届全国人民代表大会常务委员会第二十二次会议《关于修改〈中华人民共和国专利法〉的决定》第四次修正）

中华人民共和国专利法实施细则

（2001年6月15日国务院令第306号公布　根据2002年12月28日《国务院关于修改〈中华人民共和国专利法实施细则〉的决定》第一次修订　根据2010年1月9日《国务院关于修改〈中华人民共和国专利法实施细则〉的决定》第二次修订　根据2023年12月11日《国务院关于修改〈中华人民共和国专利法实施细则〉的决定》第三次修订）

最高人民法院关于审理专利纠纷案件适用法律问题的若干规定

（2001年6月19日最高人民法院审判委员会第1180次会议通过　根据2013

年2月25日最高人民法院审判委员会第1570次会议《关于修改〈最高人民法院关于审理专利纠纷案件适用法律问题的若干规定〉的决定》第一次修正　根据2015年1月19日最高人民法院审判委员会第1641次会议《关于修改〈最高人民法院关于审理专利纠纷案件适用法律问题的若干规定〉的决定》第二次修正　根据2020年12月23日最高人民法院审判委员会第1823次会议《关于修改〈最高人民法院关于审理侵犯专利权纠纷案件应用法律若干问题的解释（二）〉等十八件知识产权类司法解释的决定》第三次修正）　法释〔2020〕19号

最高人民法院关于审理侵犯专利权纠纷案件应用法律若干问题的解释

（2009年12月21日最高人民法院审判委员会第1480次会议通过　2009年12月28日公布　自2010年1月1日起施行）　法释〔2009〕21号

最高人民法院关于审理侵犯专利权纠纷案件应用法律若干问题的解释（二）

（2016年1月25日最高人民法院审判委员会第1676次会议通过　根据2020年12月23日最高人民法院审判委员会第1823次会议《关于修改〈最高人民法院关于审理侵犯专利权纠纷案件应用法律若干问题的解释（二）〉等十八件知识产权类司法解释的决定》修正）　法释〔2020〕19号

中华人民共和国商标法

（1982年8月23日第五届全国人民代表大会常务委员会第二十四次会议通过　根据1993年2月22日第七届全国人民代表大会常务委员会第三十次会议《关于修改〈中华人民共和国商标法〉的决定》第一次修正　根据2001年10月27日第九届全国人民代表大会常务委员会第二十四次会议《关于修改〈中华人民共和国商标法〉的决定》第二次修正　根据2013年8月30日第十二届全国人民代表大会常务委员会第四次会议《关于修改〈中华人民共和国商标法〉的决定》第三次修正　根据2019年4月23日第十三届全国人民代表大会常务委员会第十次会议《关于修改〈中华人民共和国建筑法〉等八部法律的决定》第四次修正）

中华人民共和国商标法实施条例

（2002年8月3日国务院令第358号公布　2014年4月29日国务院令第651号修订）

最高人民法院关于审理商标民事纠纷案件适用法律若干问题的解释

（2002年10月12日最高人民法院审判委员会第1246次会议通过　根据2020年12月23日最高人民法院审判委员会第1823次会议《关于修改〈最高人民

法院关于审理侵犯专利权纠纷案件应用法律若干问题的解释(二)〉等十八件知识产权类司法解释的决定》修正) 法释〔2020〕19号

最高人民法院关于审理涉及驰名商标保护的民事纠纷案件应用法律若干问题的解释

(2009年4月22日最高人民法院审判委员会第1467次会议通过 根据2020年12月23日最高人民法院审判委员会第1823次会议《关于修改〈最高人民法院关于审理侵犯专利权纠纷案件应用法律若干问题的解释(二)〉等十八件知识产权类司法解释的决定》修正) 法释〔2020〕19号

商　　法

第一章　公　司　法

第一节　公司法总则

基本要求

了解与理解：公司的概念，公司人格否认制度的立法规定与意义，公司决议的效力与公司决议之诉。

熟悉并能够运用：公司的特征、分类、独立财产与独立责任等基本原理在分析和解决公司实务问题中的适用，公司股东各种权利的内容与行使方式，股东违反义务的后果分析，公司对外担保行为的效力分析，公司决议效力的类型分析。

考试内容

公司的概念与特征（公司的概念　公司的营利性　公司的独立财产　公司的独立责任）　公司的分类（公司的不同分类标准及其意义　有限责任公司与股份有限公司　封闭式公司与开放式公司　人合公司与资合公司　总公司与分公司　母公司与子公司）　公司法定代表人（可以担任公司法定代表人的范围　法定代表人越权行为的后果）　公司股东的权利和义务　公司对外担保的效力　公司法人人格否认制度（纵向法人人格否认　横向法人人格否认　一人公司法人人格否认）　公司决议（公司决议效力的类型　公司决议的无效　公司决议的撤销事由　公司决议的撤销程序　公司决议轻微瑕疵的效力　公司决议不成立　公司决议无效、被撤销、不成立的法律后果）

第二节　公司登记

基本要求

了解与理解：公司登记行为的性质，公司登记制度的意义，公司登记的类型。

熟悉并能够运用：公司不同类型登记的效力。

考试内容

公司设立登记的概念　公司登记的类型　公司登记事项的公示

第三节　有限责任公司的设立与组织机构

基本要求

了解：有限责任公司的特征。

理解：有限责任公司的设立条件和设立程序、股权转让的原理和法律规定，并能分析和解决实务中的各种问题。

考试内容

有限责任公司的特征（股东人数的要求　设立程序的简便　股权对外转让的限制性要求　封闭性）　公司设立的方式（发起设立　募集设立）　有限责任公司的设立条件（注册资本　5 年限期实缴制　出资方式　出资程序　有限责任公司章程的记载事项　公司章程的效力）　有限责任公司的设立程序　有限责任公司的组织机构（股东会及其职权　股东会的召集与决议规则　董事会及其职权　董事会的组成　监事会及其职责）

第四节　有限责任公司的股权转让

基本要求

理解：有限责任公司股权对外转让的规则。

考试内容

股权对外转让的规则（通知义务　其他股东的优先购买权）　异议股东的股权收购请求权

第五节　股份有限公司的设立和组织机构

基本要求

了解：股份有限公司的概念、股份有限公司的特征。

理解：股份有限公司的设立条件和设立程序、组织机构的具体规则，并能分析和解决实务中与股份有限公司的设立条件和方式、与股东会和董事会的职权行使有关的各种纠纷。

考试内容

股份有限公司的特征（资本的股份化　开放性）　股份有限公司的设立和方式　股份有限公司的组织机构（股东会及其职权　股东会的召集与召开　累积投票权　董事会及其职权　董事会的召集与召开　审计委员会及其职责　监事会及其职责）　上市公司组织机构的特别规定（审计委员会的职责　独立董事　董事会秘书）

第六节　股份有限公司的股份发行和转让

基本要求

了解：股份有限公司的股份发行制度。

理解：股份转让限制的原理和法律规定，并能分析和解决实务中的各种问题，特别是股份有限公司的股份转让规则及其适用以及违反转让规则行为的效力认定。

考试内容

股份的概念与特征　股票的概念和特征　股份与股票的联系与区别　股东名册及其意义　股票的类型（记名股票与无记名股票　面额股与无面额股　普通股与优先股）　类别股制度　股份的发行（发行的原则　发行的程序）　股份的转让规则（股份转让的限制）　股份回购规则（股份有限公司回购本公司股份的法定情形）　异议股东的股份回购请求权（产生回购请求权的法定情形）

第七节　国家出资公司组织机构的特别规定

基本要求

了解：国家出资公司的概念与类型。

理解：国家出资公司组织机构的特别要求。

考试内容

国家出资公司的概念　国家出资公司的类型　国有独资公司

第八节　公司的董事、监事、高级管理人员的资格和义务

基本要求

了解：公司董事、监事、高级管理人员的概念。

理解：公司董事、监事、高级管理人员任职资格的限制，公司董事、监事、高级管理人员的义务以及违反义务的后果。

考试内容

董事、监事、高级管理人员的消极任职资格及违反董事、监事、高级管理人员消极任职资格的法律后果　董事、监事、高级管理人员的义务　董事、监事、高级管理人员的责任追究制度（股东直接诉讼　股东代表诉讼）

第九节　公司债券

（参见商法第七章证券法的相关内容）

第十节　公司的财务与会计制度

基本要求

了解：公司财务会计制度的基本要求。

理解：公司收益分配制度的原理和规定，并能够对公司的分配行为的合法性作出分析判断。

考试内容

公司的财务会计报告制度　公司的收益分配制度（公司收益分配顺序　股东利润的分配　公积金）

第十一节　公司的合并、分立、增资、减资

基本要求

了解与理解：公司合并和分立的种类，不同形式的公司合并、分立的相互区别。

熟悉并能够运用：公司合并、分立的程序要求和法律后果，并对实践中公司合并、分立的法律效力等问题作出分析认定。

考试内容

公司合并的种类（吸收合并　新设合并）　公司合并的程序（合并协议　对债权人的通知　合并公告　对债权人的救济）　简易合并的条件与程序　公司合并的法律效果（对公司主体资格的影响　合并后公司债权债务的承担）　公司分立的种类（派生分立　新设分立）　公司分立的程序（分立协议　对债权人的通知　分立公告）　公司分立的法律效果　公司的增资（公司增资的方式　公司增资的程序　公司增资时原股东的优先认股权）　公司的减资（同比例减资原则　公司减资的程序　公司简易减资）　简易减资的适用条件与程序

第十二节　公司的解散与清算

基本要求

了解与理解：公司解散的概念和原因，公司清算的法律意义，公司解散和清算之间的相互关系。

熟悉并能够运用：清算组织、清算职责、清算顺序等原理和规定，并能对公司解散和清算中的实务问题作出分析和处理。

考试内容

公司的解散（公司解散的事由　一般解散的原因　强制解散的原因　股东请求解散）　公司的清算（清算组的成立　清算义务人　清算组的职责　清偿顺序　剩余财产的分割）　公司的注销（普通注销　简易注销　强制注销）

第十三节　外国公司的分支机构

基本要求

了解与理解本节内容。

考试内容

外国公司分支机构的设立条件　外国公司分支机构的设立程序　外国公司分支机构的解散和清算

第二章　合伙企业法

基本要求

了解与理解：合伙企业的概念和特征，合伙企业设立条件、财产性质、业务执行、入伙退伙等制度之间的内在联系。

熟悉并能够运用：普通合伙的设立条件、财产性质、合伙事务的执行、合伙与第三人的关系、入伙与退伙的条件和法律效力，特殊普通合伙和有限合伙的特殊法律规则等，并能运用这些原理和法律规定分析和解决合伙企业设立和经营管理中的具体问题。

考试内容

第一节　合伙制度概述

合伙的概念与类型　合伙的特征（共同出资　共同经营　共负盈亏　对外承担连带无限责任）

第二节　普通合伙企业的设立条件与程序

合伙人（合伙人的行为能力　法律禁止作为合伙人的情形）　合伙协议　合伙出资（出资的方式　出资的作价　出资的缴付）　合伙企业的名称（法律对合伙企业名称的禁止性规定）

第三节　普通合伙企业的财产与损益分配

合伙财产的范围（出资财产　积累财产）　合伙企业财产的性质　合伙企业财产份额　合伙的利润分配与亏损负担

第四节　普通合伙事务的执行

合伙事务的执行方式　合伙事务的执行规则　合伙事务的决议　竞业禁止

第五节　普通合伙与第三人的关系

对善意第三人的保护　合伙企业债务的清偿（合伙企业债务的性质　清偿顺序　连带清偿　无限责任　合伙人之间的债务分担　对内追偿权及其行使）

第六节　普通合伙的入伙与退伙

入伙的条件与程序　入伙的后果　声明退伙（协议退伙　通知退伙）　法定退伙（当然退伙的法定情形　除名退伙的法定情形）　退伙的后果（合伙人资格的丧失　退伙结算）

第七节　特殊的普通合伙企业

特殊的普通合伙企业的概念与设立　特殊的普通合伙企业的债务承担（有限责任和连带责任　赔偿责任）

第八节　有限合伙企业

有限合伙企业的设立条件与程序（合伙人　合伙协议　出资　合伙企业的名称）　有限合伙企业事务的执行（有限合伙人不视为执行合

伙事务的行为） **有限合伙人的权利**（有限合伙人与企业的交易　同业竞争　有限合伙份额出质与转让） **表见普通合伙**（表见普通合伙的条件） **有限合伙人与普通合伙人的转化**（对合伙企业债务的承担）

第九节　合伙的解散与清算

合伙解散的事由　合伙解散时的清算（清算人　清算程序　财产清偿顺序　合伙债务的清偿时效　注销登记）

第三章　个人独资企业法

基本要求

了解与理解：个人独资企业的概念和特征，个人独资企业的设立条件，投资人的权利，个人独资企业与其他企业形态的区别。

熟悉并能够运用：个人独资企业的投资人及事务管理、解散和清算的法律规则，并能对独资企业设立和经营行为的法律效力和后果作出认定。

考试内容

第一节　个人独资企业概述

个人独资企业的概念　个人独资企业的特征（投资人方面的特征　财产性质方面的特征　民事责任承担方面的特征　个人独资企业与相关组织的区别）

第二节　个人独资企业的设立

个人独资企业的设立条件　个人独资企业的设立程序　个人独资企业的分支机构

第三节　个人独资企业的投资人及事务管理

个人独资企业的投资人（投资人的条件　投资人的权利　投资人的责任） 个人独资企业的事务管理（个人独资企业事务管理的方式　受托

人和被聘用的管理人的作为义务与不作为义务）

第四节　个人独资企业的解散与清算

个人独资企业的解散事由（投资人决定解散　投资人死亡或被宣告死亡又无继承人或者继承人放弃继承　被依法吊销营业执照　其他解散情形）　个人独资企业的清算

第四章　外商投资法

基本要求

了解与理解：外商投资的概念和特征，准入前国民待遇与负面清单管理制度，外商投资企业对于《公司法》《合伙企业法》等法律的适用。

熟悉并能够运用：促进外商投资的具体措施，保护外商投资的具体措施，外商投资信息报告制度，外商投资企业的治理结构。

考试内容

第一节　外商投资法概述

外商投资、外国投资者、外国投资企业的概念

第二节　外商投资促进制度

准入前国民待遇与负面清单管理制度　与内资企业同等适用各项政策

第三节　外商投资保护制度

审慎的外资征收制度　资金汇出的自由化　对外资的知识产权保护　外商投资企业的投诉机制

第四节　外商投资管理制度

外商投资准入负面清单制度　集中审查制度　组织形式、组织机构及其活动准则的法律适用　信息报告制度　安全审查制度　过渡期安排

第五章　企业破产法

基本要求

了解与理解：破产法的立法目的和原则，破产申请和受理，债务人财产，管理人，债权申报，债权人会议，重整、和解和破产清算三大程序的主要规则，破产程序的基本流程和各程序之间的区别与联系。

熟悉并能够运用：破产法各项主要规则，有效解决破产财产管理和破产程序操作中的实务问题。

考试内容

第一节　一般规定

破产程序的适用范围　破产原因　破产案件的管辖、裁定和公告

第二节　破产申请和受理

破产案件的申请（债权人申请　债务人申请　清算责任人申请　破产申请的撤回　破产申请的接收）　破产案件的受理（受理时限　受理审查　申请的驳回　管理人的任命）　破产案件受理后的法律效果（债务人有关人员的义务　个别清偿无效　对管理人为给付　待履行合同的处理　保全解除和执行中止　民事诉讼或者仲裁的中止　破产程序开始后的民事诉讼）

第三节　管理人

管理人的任命　管理人的资格　管理人的职责　管理人的义务

第四节　债务人财产

债务人财产的范围　撤销权和追回权（撤销权和追回权的追诉对象　对企业管理层的特别追回权）　取回权（一般取回权　出卖人取回权）　抵销权（破产抵销权的行使　不适用破产抵销的情形）　破产费用和

共益债务

第五节　债权申报

申报期限　债权申报的范围　申报方式　逾期申报和未申报的后果

第六节　债权人会议

债权人会议的法律地位　债权人会议的程序规则（债权人会议的组成　债权人会议的职权　债权人会议的召开程序）　债权人委员会

第七节　重整程序

重整原因　重整程序的发动　重整期间营业保护的特别规定（担保物权限制　新借款　取回权限制　出资人和管理层的限制）　重整程序的终止　重整计划的通过和批准（分组表决程序　批准程序　强行批准）

第八节　和解程序

和解申请与裁定　和解协议的成立和生效　和解协议的执行　法庭外的和解

第九节　破产清算程序

破产宣告　别除权　破产财产变价　破产分配（破产清偿顺序　破产分配方案　分配额的提存）　破产程序的终结　追加分配

第十节　法律责任

债务人的法律责任（管理层造成企业破产的法律责任　违反破产程序义务的法律责任　欺诈破产行为的法律责任）　管理人的法律责任

第十一节　特殊规定

金融机构破产的特殊规定　非法人组织破产的特殊规定

第六章　票　据　法

第一节　票据法概述

基本要求

了解或理解：票据的概念、特征和种类。

熟悉并能够运用：票据上的法律关系的类型和当事人的界定。

考试内容

票据的特征（票据的无因性　票据的要式性　票据的文义性　票据的设权性　票据的流通性）　票据的种类　票据的功能　票据法的特征（票据法的强行性　票据法的技术性　票据法的国际统一性）　票据上的法律关系（票据关系　非票据关系）　票据关系当事人（基本当事人　非基本当事人）

第二节　票据权利和票据行为

基本要求

了解或理解：票据权利的概念、种类和特征，票据权利的取得方法，票据权利消灭的原因，以及票据行为的概念、种类和特征。

熟悉并能够运用：用票据行为的原理分析各种票据行为，如背书、承兑、保证等的效力，以及各种票据权利瑕疵的效力。

考试内容

票据权利的种类（付款请求权　追索权）　票据权利的特征　票据权利的取得（票据权利的原始取得　票据权利的继受取得）　票据权利的行使　票据权利的保全　票据权利的消灭（票据法上的消灭原因　民法上的消灭原因）　票据权利的瑕疵（票据的伪造　票据的变造　票据的更改　票据的涂销）　票据行为（票据行为的概念　票据行为的特征　票据行为的种类　出票　背书　承兑　保证）

第三节　票据抗辩与补救

基本要求

了解或理解：票据抗辩的概念和种类，以及票据补救的概念。
熟悉并能够运用：各种具体的票据抗辩事由，各种票据丧失时的补救措施。

考试内容

票据抗辩的种类（物的抗辩　人的抗辩）　票据抗辩的限制　票据的丧失与补救

第四节　汇票

基本要求

了解或理解：汇票的概念、特征和种类，汇票的当事人，以及汇票的追索权。
熟悉并能够运用：汇票的出票、背书、承兑、保证等原理及其适用。

考试内容

汇票的特征　汇票的种类　汇票当事人（出票人　付款人　收款人）　汇票的出票（出票的概念　汇票的法定记载事项　汇票未记载事项的认定）　汇票的背书转让（汇票背书转让的概念　汇票背书转让的方式与后果　汇票背书转让的限制情形）　汇票质押的方式与后果　汇票的承兑（承兑的概念　提示承兑　付款人的承兑程序）　汇票的保证（保证的概念　保证的成立　保证的法律效力）　汇票的付款（付款的概念　付款的程序　付款损失的承担）　汇票的追索权（追索权的概念　追索权行使的原因　行使追索权的条件　追索与再追索）

第五节　本票和支票

基本要求

了解或理解：本票和支票的概念与特征，以及本票、支票与汇票相互之间的区别。

考试内容

本票的特征　本票的出票（出票人资格　本票的法定记载事项）　本票的付款　支票的概念　支票的特征　支票的种类（记名支票与不记名支票　现金支票与转账支票）　支票的出票（出票人的资格　支票的法定记载事项　未记载事项的补救　出票的效力）

第七章　证　券　法

基本要求

了解与理解：证券市场的各主要制度的目标、原则和基本规则，以及相关的市场规制规则；证券发行与交易的市场流程和各种制度之间的相互关系，以及证券监管部门的职能和作用。

熟悉并能够运用：证券业务相关的交易规则和市场监管规则。

考试内容

第一节　证券法概述

证券的概念、种类及其特征　证券市场（证券发行市场　证券交易市场）　证券法的概念、适用范围及基本原则

第二节　证券发行

证券发行的基本条件（股票发行的基本条件　公司债券发行的基本条件）　发行公告　发行中介机构（律师事务所　会计师事务所　资产评估机构）　发行方式（传统方式　现行方式）　证券承销（承销业务的种类　承销协议的主要内容　承销团及主承销人　证券的销售期限　代销发行失败）

第三节　证券交易

证券上市　证券交易的条件及方式　退市制度　限制和禁止的证券交易行为（限制和禁止的证券交易行为的一般规定　禁止内幕交易行为

禁止操纵证券市场行为　禁止虚假陈述和信息误导行为　禁止损害客户利益的行为　其他禁止行为）

第四节　上市公司收购制度

上市公司收购的概念和方式　上市公司收购的程序和规则（报告和公告持股情况　收购要约　协议收购　禁止转让　终止上市交易和应当收购　报告和公告收购情况）**上市公司收购的法律后果**

第五节　信息披露

信息披露制度的概念　信息披露的基本要求（同时披露　自愿披露　境内外同时披露　信息发布与置备场所）**定期报告的披露**（定期报告的报送和公告　发行文件和定期报告披露的签署）**临时报告的披露**（股票交易重大事件临时报告披露　债券交易重大事件临时报告披露）　**信息披露监管与信息披露不实的法律后果**

第六节　投资者保护

投资者保护概述　投资者保护新制度内容（证券公司销售证券、提供服务时的义务　普通投资者和专业投资者　征集股东权利　分配现金股利　债券持有人会议　先行赔付　纠纷解决）

第七节　证券机构

证券交易场所（证券交易场所和证券交易所的概念　证券交易所的职能）**证券公司**（证券公司的设立　证券公司的组织形式及业务范围　对证券公司的监管）**证券登记结算机构**（证券登记结算机构的概念与设立　证券登记结算机构的职能　对证券登记结算机构的监管）**证券服务机构**（证券服务机构概述　对证券服务机构的监管）**证券业协会**（证券业协会的性质与机构设置　证券业协会的职责）**证券监督管理机构**（证券监督管理机构的性质　证券监督管理机构的职责　证券监管措施　行政执法和解措施　对证券行政执法的监管　证券跨境合作与监管）

第八节　证券投资基金法律制度

证券投资基金概述（证券投资基金的概念、特征及其分类　证券投资基金的产生和演变）**证券投资基金关系中的当事人**（基金管理人　基金托管人　基金份额持有人）**公开募集基金的法律规制**（基金的公开募集　公开募集基金的基金份额的交易　基金份额的申购与赎回　基金的投资和收益分配）**非公开募集基金的法律规制**（非公开募集基金的合格投资者、托管及其管理人　非公开募集基金合同的签订与履行）　**基金服务机构**（基金服务机构的注册或者备案　各类基金服务机构义务）**基金行业协会**（基金行业协会的性质　基金行业协会组织机构及其职责）**公开募集基金的信息披露**（公开募集基金的信息披露概述　基金募集信息披露的具体方式　公开基金上市交易和持续信息披露　基金临时信息披露）**基金的监督管理**

第九节　违反证券法的法律责任

违反证券法的一般规定　违反证券法的相关法律责任（违反证券发行规定的法律责任　违反证券交易规定的法律责任　违反上市公司收购规定的法律责任　违反信息披露义务规定的法律责任　违反投资者保护规定的法律责任　违反证券交易场所规定的法律责任　违反证券公司规定的法律责任　违反证券登记结算机构规定的法律责任　违反证券服务机构规定的法律责任　对证券监督管理机构及其工作人员违法行为的责任追究）**违反证券投资基金规定的法律责任**

第八章　保　险　法

第一节　保险法概述

基本要求

了解：保险的概念，保险的要素。

理解：保险法的基本原则及其在具体制度中的体现。

考试内容

保险的概念　保险的要素（危险的存在　多数人参加保险　补偿或给付）　保险法的基本原则（公序良俗原则　自愿原则　最大诚信原则　保险利益原则　近因原则）

第二节　保险合同总论

基本要求

了解与理解：保险合同的概念与分类，保险合同成立与生效的条件，保险合同的特征及其在具体制度中的体现。

熟悉并能够运用：保险人与投保人各自在订立合同时的义务，保险合同变更与解除的方式与效力，保险合同的履行规则，保险人的代位求偿权原理。

考试内容

保险合同的特征（射幸合同　最大诚信合同　格式合同　不要式合同　诺成合同）　保险合同的分类（人身保险与财产保险　强制保险与自愿保险　原保险与再保险　单保险与复保险）　保险合同的当事人（保险人　投保人）　保险合同的关系人（被保险人　受益人）　保险合同的条款　保险合同的成立　保险合同的形式（投保单　保险单　保险凭证　暂保单）　保险合同订立时的如实告知义务和说明义务　保险合同的生效　保险合同的无效（无效的原因　无效的后果）　保险合同的解除制度　保险合同的履行（投保人的义务　保险人的义务　索赔和理赔程序与规则）　请求给付保险金的诉讼时效　保险人的代位求偿权（代位求偿权的概念　代位求偿权的性质　代位求偿权的行使　被保险人放弃对第三人请求权的后果　被保险人导致保险人不能行使代位求偿权的后果　代位求偿权在人身保险中的适用禁止）

第三节　保险合同分论

基本要求

了解：人身保险合同和财产保险合同各自的概念、特征和种类。

理解：人身保险合同与财产保险合同的区别。

考试内容

人身保险合同的特征　人身保险合同当事人的权利与义务　人身保险合同的解除　财产保险合同的特征　财产保险合同当事人的权利与义务　保险事故的处理

第四节　保险业法律制度

基本要求

了解：对保险业的主要监管制度，保险公司的设立条件及对保险公司的整顿与接管制度。

理解：各项保险经营规则的内涵，保险代理人与保险经纪人的区别。

考试内容

保险公司（保险公司的概念　保险公司的设立条件　保险公司的设立程序　保险公司的分支机构　外资保险机构）**保险经营规则**（保险经营原则　保险公司偿付能力的维持　保险公司的风险管理与资金营运限制）**保险代理人和保险经纪人**（保险代理人的概念　保险代理的特征　对保险代理人的业务监管　保险经纪人的概念　对保险经纪人业务的监管　保险代理人与保险经纪人的禁止性行为）**保险业的监督管理**（保险公司偿付能力不足时的监管　保险公司的整顿　保险公司的接管　保险监督管理机构履行职责时的权利）

第九章　海　商　法

第一节　海商法概述

基本要求

了解：海商法的概念与性质。

理解：海商法的适用范围。

考试内容

海商法的概念　海商法的适用范围

第二节　船舶与船员

基本要求

了解：船舶的概念，船长的职责。

理解：船舶物权的各种类型及其相互之间的效力顺序。

考试内容

船舶（船舶的概念　船舶所有权　船舶抵押权　船舶优先权　船舶留置权　船舶担保物权之间的关系）船员（船员的概念　船长的职责）

第三节　海上货物运输合同

基本要求

了解与理解：海上货物运输合同的概念和种类，海上货物运输合同的解除规则，承运人和托运人各自的责任。

熟悉并能够运用：提单的相关制度及其适用。

考试内容

海上货物运输合同的订立　海上货物运输合同的解除　海上货物运输合同的履行（承运人的责任　托运人的责任　货物的交付）提单（提单的概念　提单的法律特征　提单的性质　提单的种类　提单的签发　提单的内容　提单的转让）

第四节　海上旅客运输合同

基本要求

了解：海上旅客运输合同的概念与特征。

理解：海上旅客运输合同承运人责任的原理与具体规则。

考试内容

客票的特征与意义　承运人的权利与责任（承运人的责任期间　承运人的基本责任及责任基础　承运人责任的免除或减轻　承运人的责任限额　实际承运人的责任）旅客的权利与义务　旅客损害赔偿请求权的诉讼时效

第五节　船舶租用合同

基本要求

了解：船舶租用合同的概念与种类。
理解：船舶租用合同中当事人的主要权利与义务。

考试内容

定期租船合同（定期租船合同的概念　定期租船合同的特征　出租人的主要权利与义务　承租人的主要权利与义务）光船租赁合同（光船租赁合同的概念　光船租赁合同的特征　出租人的主要权利与义务　承租人的主要权利与义务）

第六节　船舶碰撞

基本要求

了解：船舶碰撞的概念及其构成要件。
理解：船舶碰撞的赔偿原则。

考试内容

船舶碰撞的构成要件　船舶碰撞的损害赔偿原则（无过失的船舶碰撞　过失的船舶碰撞）船舶碰撞案件的诉讼时效　船舶碰撞案件的法律适用

第七节 海难救助

基本要求

了解：海难救助的概念及其构成要件。
理解：海难救助报酬的确定与承担规则。

考试内容

海难救助的构成要件 救助合同（救助合同的概念 救助合同的种类 救助合同的订立 救助合同的变更 救助方的义务） 救助报酬（救助报酬的概念 确定救助报酬应考虑的因素 救助报酬的减少或取消 救助报酬的承担与分配 救助款项的担保与先行支付）

第八节 共同海损

基本要求

了解：共同海损的概念及其构成要件。
理解：共同海损与单独海损的区别，共同海损的理算规则。

考试内容

共同海损与单独海损的区别 共同海损的成立要件（海上危险必须是共同的 海上危险必须是真实的 共同海损的措施是有意的、合理的和有效的 共同海损的损失是特殊的和直接的） 共同海损的牺牲和费用（共同海损牺牲的概念 共同海损牺牲的范围 共同海损费用的范围） 共同海损的理算（共同海损理算的概念 理算的法律依据 分摊请求权的时效 共同海损损失金额的确定 共同海损分摊价值的确定 共同海损分摊金额的计算）

第九节 海事赔偿责任限制

基本要求

了解：海事赔偿责任限制的概念。

理解：海事赔偿责任限制的条件与适用的债权。

考试内容

海事赔偿责任限制与单位责任限制的区别　海事赔偿责任限制的主体　海事赔偿责任限制的条件　限制性债权与非限制性债权　海事赔偿责任限额（关于人身伤亡的赔偿请求　关于非人身伤亡的赔偿请求　旅客人身伤亡的责任限额）

第十节　海事诉讼特别程序

基本要求

了解：海事诉讼的概念。

理解：海事诉讼程序方面的特别规定。

考试内容

海事诉讼的管辖（地域管辖　专属管辖　协议管辖）　海事诉讼中的强制措施（海事请求保全　海事强制令　海事证据保全）　海事担保　海事诉讼中的送达　海事诉讼审判程序（审理船舶碰撞案件的特别规定　审理共同海损案件的特别规定　海上保险人行使代位请求赔偿权利的规定）

第十章　信　托　法

基本要求

了解或理解：信托的概念、特征和种类，信托的设立和生效，信托财产的独立性，信托各当事人及其权利义务，信托的变更与终止。

熟悉并能够运用：信托的设立与生效要件，信托财产范围、信托财产独立性，委托人、受托人与受益人的权利义务，信托变更、信托终止的事由与法律后果。

考试内容

第一节　信托制度概述

信托制度的起源及在我国的发展现状　信托的概念与特征　信托的种类

第二节　信托的设立

信托设立“三确定”原则（信托财产确定性原则　受益人确定性原则　信托目的确定性原则）信托合同（合同主体　要式性与诺成性　有偿性　信托合同条款　信托存续期限）信托的成立与生效　信托无效　委托人的债权人对信托的撤销　遗嘱信托设立上的特别规定

第三节　信托财产

信托财产的范围　信托财产的独立性（信托财产之于委托人的独立性　信托财产之于受托人的独立性　信托财产之于受益人的独立性）信托财产登记与信托登记

第四节　信托当事人

委托人（委托人的权利　委托人的义务）受托人（受托人的义务　受托人的权利　受托人职责终止）受益人（信托受益权　受益人的其他权利）

第五节　信托的变更与终止

信托变更的概念及其具体情形　信托的终止（信托的连续性　信托终止的事由　信托终止的法律后果）

附录：法律法规目录

中华人民共和国公司法

（1993 年 12 月 29 日第八届全国人民代表大会常务委员会第五次会议通过　根据 1999 年 12 月 25 日第九届全国人民代表大会常务委员会第十三次会议《关

于修改〈中华人民共和国公司法〉的决定》第一次修正　根据2004年8月28日第十届全国人民代表大会常务委员会第十一次会议《关于修改〈中华人民共和国公司法〉的决定》第二次修正　2005年10月27日第十届全国人民代表大会常务委员会第十八次会议第一次修订　根据2013年12月28日第十二届全国人民代表大会常务委员会第六次会议《关于修改〈中华人民共和国海洋环境保护法〉等七部法律的决定》第三次修正　根据2018年10月26日第十三届全国人民代表大会常务委员会第六次会议《关于修改〈中华人民共和国公司法〉的决定》第四次修正　2023年12月29日第十四届全国人民代表大会常务委员会第七次会议第二次修订）

最高人民法院关于适用《中华人民共和国公司法》若干问题的规定（一）

（2006年3月27日最高人民法院审判委员会第1382次会议通过　根据2014年2月17日最高人民法院审判委员会第1607次会议《关于修改关于适用〈中华人民共和国公司法〉若干问题的规定的决定》修正）　法释〔2014〕2号

最高人民法院关于适用《中华人民共和国公司法》若干问题的规定（二）

（2008年5月5日最高人民法院审判委员会第1447次会议通过　根据2014年2月17日最高人民法院审判委员会第1607次会议《关于修改关于适用〈中华人民共和国公司法〉若干问题的规定的决定》第一次修正　根据2020年12月23日最高人民法院审判委员会第1823次会议《关于修改〈最高人民法院关于破产企业国有划拨土地使用权应否列入破产财产等问题的批复〉等二十九件商事类司法解释的决定》第二次修正）　法释〔2020〕18号

最高人民法院关于适用《中华人民共和国公司法》若干问题的规定（三）

（2010年12月6日最高人民法院审判委员会第1504次会议通过　根据2014年2月17日最高人民法院审判委员会第1607次会议《关于修改关于适用〈中华人民共和国公司法〉若干问题的规定的决定》第一次修正　根据2020年12月23日最高人民法院审判委员会第1823次会议《关于修改〈最高人民法院关于破产企业国有划拨土地使用权应否列入破产财产等问题的批复〉等二十九件商事类司法解释的决定》第二次修正）　法释〔2020〕18号

最高人民法院关于适用《中华人民共和国公司法》若干问题的规定（四）

（2016年12月5日最高人民法院审判委员会第1702次会议通过　根据2020年12月23日最高人民法院审判委员会第1823次会议《关于修改〈最高人民法院关于破产企业国有划拨土地使用权应否列入破产财产等问题的批复〉等

二十九件商事类司法解释的决定》修正） 法释〔2020〕18号

最高人民法院关于适用《中华人民共和国公司法》若干问题的规定（五）

（2019年4月22日最高人民法院审判委员会第1766次会议审议通过 根据2020年12月23日最高人民法院审判委员会第1823次会议《关于修改〈最高人民法院关于破产企业国有划拨土地使用权应否列入破产财产等问题的批复〉等二十九件商事类司法解释的决定》修正） 法释〔2020〕18号

中华人民共和国合伙企业法

（1997年2月23日第八届全国人民代表大会常务委员会第二十四次会议通过 2006年8月27日第十届全国人民代表大会常务委员会第二十三次会议修订）

中华人民共和国个人独资企业法

（1999年8月30日第九届全国人民代表大会常务委员会第十一次会议通过 1999年8月30日中华人民共和国主席令第20号公布 自2000年1月1日起施行）

中华人民共和国外商投资法

（2019年3月15日第十三届全国人民代表大会第二次会议通过 2019年3月15日中华人民共和国主席令第26号公布 自2020年1月1日起施行）

中华人民共和国企业破产法

（2006年8月27日第十届全国人民代表大会常务委员会第二十三次会议通过 2006年8月27日中华人民共和国主席令第54号公布 自2007年6月1日起施行）

最高人民法院关于适用《中华人民共和国企业破产法》若干问题的规定（一）

（2011年8月29日最高人民法院审判委员会第1527次会议通过 2011年9月9日公布 自2011年9月26日起施行） 法释〔2011〕22号

最高人民法院关于适用《中华人民共和国企业破产法》若干问题的规定（二）

（2013年7月29日最高人民法院审判委员会第1586次会议通过 根据2020年12月23日最高人民法院审判委员会第1823次会议《关于修改〈最高人民法院关于破产企业国有划拨土地使用权应否列入破产财产等问题的批复〉等二十九件商事类司法解释的决定》修正） 法释〔2020〕18号

最高人民法院关于适用《中华人民共和国企业破产法》若干问题的规定（三）

（2019年2月25日最高人民法院审判委员会第1762次会议通过 根据2020年12月23日最高人民法院审判委员会第1823次会议《关于修改〈最高人民

法院关于破产企业国有划拨土地使用权应否列入破产财产等问题的批复〉等二十九件商事类司法解释的决定》修正） 法释〔2020〕18号

中华人民共和国票据法

（1995年5月10日第八届全国人民代表大会常务委员会第十三次会议通过 根据2004年8月28日第十届全国人民代表大会常务委员会第十一次会议《关于修改〈中华人民共和国票据法〉的决定》修正）

中华人民共和国证券法

（1998年12月29日第九届全国人民代表大会常务委员会第六次会议通过 根据2004年8月28日第十届全国人民代表大会常务委员会第十一次会议《关于修改〈中华人民共和国证券法〉的决定》第一次修正 2005年10月27日第十届全国人民代表大会常务委员会第十八次会议第一次修订 根据2013年6月29日第十二届全国人民代表大会常务委员会第三次会议《关于修改〈中华人民共和国文物保护法〉等十二部法律的决定》第二次修正 根据2014年8月31日第十二届全国人民代表大会常务委员会第十次会议《关于修改〈中华人民共和国保险法〉等五部法律的决定》第三次修正 2019年12月28日第十三届全国人民代表大会常务委员会第十五次会议第二次修订）

中华人民共和国证券投资基金法

（2003年10月28日第十届全国人民代表大会常务委员会第五次会议通过 2012年12月28日第十一届全国人民代表大会常务委员会第三十次会议修订 根据2015年4月24日第十二届全国人民代表大会常务委员会第十四次会议《关于修改〈中华人民共和国港口法〉等七部法律的决定》修正）

中华人民共和国保险法

（1995年6月30日第八届全国人民代表大会常务委员会第十四次会议通过 根据2002年10月28日第九届全国人民代表大会常务委员会第三十次会议《关于修改〈中华人民共和国保险法〉的决定》第一次修正 2009年2月28日第十一届全国人民代表大会常务委员会第七次会议修订 根据2014年8月31日第十二届全国人民代表大会常务委员会第十次会议《关于修改〈中华人民共和国保险法〉等五部法律的决定》第二次修正 根据2015年4月24日第十二届全国人民代表大会常务委员会第十四次会议《关于修改〈中华人民共和国计量法〉等五部法律的决定》第三次修正）

最高人民法院关于适用《中华人民共和国保险法》若干问题的解释(一)

(2009 年 9 月 14 日最高人民法院审判委员会第 1473 次会议通过　2009 年 9 月 21 日公布　自 2009 年 10 月 1 日起施行)　法释〔2009〕12 号

最高人民法院关于适用《中华人民共和国保险法》若干问题的解释(二)

(2013 年 5 月 6 日最高人民法院审判委员会第 1577 次会议通过　根据 2020 年 12 月 23 日最高人民法院审判委员会第 1823 次会议《关于修改〈最高人民法院关于破产企业国有划拨土地使用权应否列入破产财产等问题的批复〉等二十九件商事类司法解释的决定》修正)　法释〔2020〕18 号

最高人民法院关于适用《中华人民共和国保险法》若干问题的解释(三)

(2015 年 9 月 21 日最高人民法院审判委员会第 1661 次会议通过　根据 2020 年 12 月 23 日最高人民法院审判委员会第 1823 次会议《关于修改〈最高人民法院关于破产企业国有划拨土地使用权应否列入破产财产等问题的批复〉等二十九件商事类司法解释的决定》修正)　法释〔2020〕18 号

最高人民法院关于适用《中华人民共和国保险法》若干问题的解释(四)

(2018 年 5 月 14 日最高人民法院审判委员会第 1738 次会议通过　根据 2020 年 12 月 23 日最高人民法院审判委员会第 1823 次会议《关于修改〈最高人民法院关于破产企业国有划拨土地使用权应否列入破产财产等问题的批复〉等二十九件商事类司法解释的决定》修正)　法释〔2020〕18 号

中华人民共和国海商法

(1992 年 11 月 7 日第七届全国人民代表大会常务委员会第二十八次会议通过　1992 年 11 月 7 日中华人民共和国主席令第 64 号公布　自 1993 年 7 月 1 日起施行)

中华人民共和国信托法

(2001 年 4 月 28 日第九届全国人民代表大会常务委员会第二十一次会议通过　2001 年 4 月 28 日中华人民共和国主席令第 50 号公布　自 2001 年 10 月 1 日起施行)

经 济 法

第一章 竞 争 法

基本要求

了解或理解：反垄断法、反不正当竞争法的制度目标、保护对象和行为规范，相关的程序规则和法律责任，市场经济中公平竞争对法律制度的要求以及在维护竞争秩序中政府的职能和作用。

熟悉并能够运用：垄断行为和不正当竞争行为的识别标准与规制措施。

考试内容

第一节 反垄断法

反垄断法概述（立法目的 调整对象和范围 基本原则 垄断民事纠纷） **垄断行为**（垄断协议 滥用市场支配地位 经营者集中 滥用行政权力排除、限制竞争） **反垄断行政监管**（反垄断监管体系 反垄断调查程序 约谈制度） **违反反垄断法的法律责任**（经营者的法律责任 行政主体的法律责任 妨碍反垄断执法的法律责任 刑事责任） **反垄断法的适用例外**（法律承认的非竞争行业 行使知识产权 农业生产者联合）

第二节 反不正当竞争法

反不正当竞争法的立法目的 **不正当竞争行为**（商业混淆行为 商业贿赂行为 虚假宣传行为 侵犯商业秘密行为 不正当有奖销售行为 诋毁商誉行为 互联网不正当竞争行为） **监督检查**（行政监管体系 监督检查部门的调查措施） **违反反不正当竞争法的法律责任**（违反反不正当竞争法的行为种类及其法律责任）

第二章　消费者法

基本要求

了解或理解：消费者权益保护法、产品质量法和食品安全法的制度目标，相关的权利保障机制、争议解决机制和质量控制机制，消费者在市场经济中的重要地位以及政府和消费者组织在维护消费者权益中的作用，各类市场主体（生产者、销售者、运输者等）的产品质量义务，食品安全控制与检验。

熟悉并能够运用：消费者维权常用的法律规则，产品质量、食品安全问题引发的相关法律责任。

考试内容

第一节　消费者权益保护法

消费者权益保护法的适用对象　消费者的权利与经营者的义务（消费者的权利　经营者的义务）　消费者权益的保护（国家对消费者合法权益的保护　消费者组织）　争议的解决（争议解决的途径　解决争议的若干特殊规则）　违反消费者权益保护法的法律责任（民事责任　行政责任　刑事责任）

第二节　产品质量法

产品质量法的调整对象和立法宗旨　产品质量责任　产品质量监督（行政监督　社会监督　产品质量检验、认证机构）　生产者、销售者的产品质量义务（生产者的产品质量义务　销售者的产品质量义务）　产品责任（产品责任的归责原则　损害赔偿　诉讼时效）　违反产品质量法的法律责任（生产者、销售者的行政责任　其他相关人的违法行为及责任　市场监督管理部门及相关行政部门的法律责任）

第三节　食品安全法

食品安全法概述　食品安全风险监测和评估　食品安全标准　食品安

全控制(食品生产经营中的安全控制制度　食品召回制度　食品检验制度　食品进出口管理制度)　食品安全事故处置　政府监管机构及其职权　法律责任(行政处罚　行政问责　民事赔偿　刑事责任)

第三章　银行业法

基本要求

了解或理解:商业银行法和银行业监督管理法的制度目标和基本原则,商业银行规范运行的基本制度和银行业监督管理的体系构架,银行业法所面对的主要问题及政策依据,以及银行业立法所采取的基本对策。

熟悉并能够运用:商业银行业务相关的组织规则、交易规则和涉及金融稳定的监管措施。

考试内容

第一节　商业银行法

商业银行法概述　商业银行的设立和变更　商业银行的管理机制　商业银行的业务规则　商业银行的接管、清算和终止　违反商业银行法的法律责任

第二节　银行业监督管理法

监督管理机构　监督管理职责　监督管理措施　违反银行业监督管理法的法律责任

第四章　财　税　法

基本要求

了解或理解:税法的各主要立法及审计法的调整对象和基本规则,各税种的概念和内容,我国税法的公共政策依据,以及审计工作的基本准则。

熟悉并能够运用:税收征管法律的主要制度和纳税人权利。

考试内容

第一节　税法

税法概述（税法的概念和调整对象　税收法律关系　税法的构成要素）　增值税法（增值税的概念和基本内容）　消费税法（消费税的概念和基本内容）　个人所得税法（个人所得税的概念和基本内容）　企业所得税法（企业所得税的概念和基本内容）　车船税法（车船税的基本内容）　税收征收管理法（税收征收管理法的宗旨和适用范围　纳税人权利　税务管理　税款征收　税务检查　法律责任）

第二节　审计法

审计法概述（概念　调整范围　基本原则）　审计机关和审计人员　审计职责（职责范围　职责履行）　审计权限及流程　违反审计法的责任（被审计单位的违法责任　审计人员的违法责任）

第五章　土地法和房地产法

基本要求

了解或理解：我国的土地权利构架和土地管理制度框架，城乡规划的基本流程，土地流转秩序、城乡规划秩序和房地产交易秩序的关系，以及政府在其中的职能。

熟悉并能够运用：城乡建设中的权利义务、交易规则、审批程序、登记程序和法律责任。

考试内容

第一节　土地管理法

土地管理法的基本原则　土地所有权（国家土地所有权　集体土地所有权）　土地使用权（农用地使用权　建设用地使用权　建设用地使用权流转制度）　土地规划制度（土地利用总体规划　国土空间规划　规

划管理配套制度）**耕地保护制度**（耕地保护的基本政策　耕地保护的政府责任制　永久基本农田保护制度）**建设用地管理制度**（农用地转用审批制度　土地征收制度　建设用地使用管理）**监督检查制度**（监督检查机关　监督检查措施　违法行为查处）**法律责任和争议处理**（违反土地管理法的法律责任　土地权属争议处理）

第二节　城乡规划法

城乡规划和规划区　城乡规划的制定（体系规划和总体规划　控制性详细规划　修建性详细规划）**城乡规划的实施**（基本要求　近期建设规划　建设规划许可　建设规划变更　临时建设规划管理　核实与监督检查）**城乡规划的修改　监督检查和法律责任**

第三节　城市房地产管理法

房地产开发用地制度（土地使用权出让　土地使用权划拨　城市规划区内的集体土地流转）**房地产开发制度**（房地产开发项目管理　房地产开发企业管理）**房地产交易制度**（房地产转让　房地产抵押　房屋租赁　商品房预售与按揭）**物业服务管理制度**（物业服务法律关系的主体　物业服务合同　商品房销售与前期物业服务）

第四节　不动产登记

不动产登记的对象、种类和机构　不动产登记簿　登记程序　登记信息共享与保护　法律责任

附录：法律法规目录

中华人民共和国反垄断法

（2007年8月30日第十届全国人民代表大会常务委员会第二十九次会议通过　根据2022年6月24日第十三届全国人民代表大会常务委员会第三十五次会议《关于修改〈中华人民共和国反垄断法〉的决定》修正）

中华人民共和国反不正当竞争法

（1993年9月2日第八届全国人民代表大会常务委员会第三次会议通过　2017

年11月4日第十二届全国人民代表大会常务委员会第三十次会议修订　根据2019年4月23日第十三届全国人民代表大会常务委员会第十次会议《关于修改〈中华人民共和国建筑法〉等八部法律的决定》修正）

最高人民法院关于审理垄断民事纠纷案件适用法律若干问题的解释

（2024年2月4日最高人民法院审判委员会第1915次会议通过　2024年6月24日公布　自2024年7月1日起施行）　法释〔2024〕6号

最高人民法院关于适用《中华人民共和国反不正当竞争法》若干问题的解释

（2022年1月29日最高人民法院审判委员会第1862次会议通过　2022年3月16日公布　自2022年3月20日起施行）　法释〔2022〕9号

最高人民法院关于审理侵犯商业秘密民事案件适用法律若干问题的规定

（2020年8月24日最高人民法院审判委员会第1810次会议通过　2020年9月10日公布　自2020年9月12日起施行）　法释〔2020〕7号

中华人民共和国消费者权益保护法

（1993年10月31日第八届全国人民代表大会常务委员会第四次会议通过　根据2009年8月27日第十一届全国人民代表大会常务委员会第十次会议《关于修改部分法律的决定》第一次修正　根据2013年10月25日第十二届全国人民代表大会常务委员会第五次会议《关于修改〈中华人民共和国消费者权益保护法〉的决定》第二次修正）

中华人民共和国消费者权益保护法实施条例

（2024年3月15日国务院令第778号公布　自2024年7月1日起施行）

中华人民共和国产品质量法

（1993年2月22日第七届全国人民代表大会常务委员会第三十次会议通过　根据2000年7月8日第九届全国人民代表大会常务委员会第十六次会议《关于修改〈中华人民共和国产品质量法〉的决定》第一次修正　根据2009年8月27日第十一届全国人民代表大会常务委员会第十次会议《关于修改部分法律的决定》第二次修正　根据2018年12月29日第十三届全国人民代表大会常务委员会第七次会议《关于修改〈中华人民共和国产品质量法〉等五部法律的决定》第三次修正）

中华人民共和国食品安全法

（2009年2月28日第十一届全国人民代表大会常务委员会第七次会议通过　2015年4月24日第十二届全国人民代表大会常务委员会第十四次会议修

订　根据2018年12月29日第十三届全国人民代表大会常务委员会第七次会议《关于修改〈中华人民共和国产品质量法〉等五部法律的决定》第一次修正　根据2021年4月29日第十三届全国人民代表大会常务委员会第二十八次会议《关于修改〈中华人民共和国道路交通安全法〉等八部法律的决定》第二次修正）

最高人民法院关于审理食品药品纠纷案件适用法律若干问题的规定

（2013年12月9日最高人民法院审判委员会第1599次会议通过　根据2020年12月23日最高人民法院审判委员会第1823次会议《关于修改〈最高人民法院关于在民事审判工作中适用《中华人民共和国工会法》若干问题的解释〉等二十七件民事类司法解释的决定》和2021年11月15日最高人民法院审判委员会第1850次会议《关于修改〈最高人民法院关于审理食品药品纠纷案件适用法律若干问题的规定〉的决定》修正）　法释〔2021〕17号

中华人民共和国商业银行法

（1995年5月10日第八届全国人民代表大会常务委员会第十三次会议通过　根据2003年12月27日第十届全国人民代表大会常务委员会第六次会议《关于修改〈中华人民共和国商业银行法〉的决定》第一次修正　根据2015年8月29日第十二届全国人民代表大会常务委员会第十六次会议《关于修改〈中华人民共和国商业银行法〉的决定》第二次修正）

中华人民共和国银行业监督管理法

（2003年12月27日第十届全国人民代表大会常务委员会第六次会议通过　根据2006年10月31日第十届全国人民代表大会常务委员会第二十四次会议《关于修改〈中华人民共和国银行业监督管理法〉的决定》修正）

中华人民共和国税收征收管理法

（1992年9月4日第七届全国人民代表大会常务委员会第二十七次会议通过　根据1995年2月28日第八届全国人民代表大会常务委员会第十二次会议《关于修改〈中华人民共和国税收征收管理法〉的决定》第一次修正　2001年4月28日第九届全国人民代表大会常务委员会第二十一次会议修订　根据2013年6月29日第十二届全国人民代表大会常务委员会第三次会议《关于修改〈中华人民共和国文物保护法〉等十二部法律的决定》第二次修正　根据2015年4月24日第十二届全国人民代表大会常务委员会第十四次会议《关于修改〈中华人民共和国港口法〉等七部法律的决定》第三次修正）

中华人民共和国税收征收管理法实施细则

（2002年9月7日国务院令第362号公布　根据2012年11月9日《国务院关于修改和废止部分行政法规的决定》第一次修订　根据2013年7月18日《国务院关于废止和修改部分行政法规的决定》第二次修订　根据2016年2月6日《国务院关于修改部分行政法规的决定》第三次修订）

中华人民共和国增值税法

（2024年12月25日第十四届全国人民代表大会常务委员会第十三次会议通过　2024年12月25日中华人民共和国主席令第41号公布　自2026年1月1日起施行）

中华人民共和国个人所得税法

（1980年9月10日第五届全国人民代表大会第三次会议通过　根据1993年10月31日第八届全国人民代表大会常务委员会第四次会议《关于修改〈中华人民共和国个人所得税法〉的决定》第一次修正　根据1999年8月30日第九届全国人民代表大会常务委员会第十一次会议《关于修改〈中华人民共和国个人所得税法〉的决定》第二次修正　根据2005年10月27日第十届全国人民代表大会常务委员会第十八次会议《关于修改〈中华人民共和国个人所得税法〉的决定》第三次修正　根据2007年6月29日第十届全国人民代表大会常务委员会第二十八次会议《关于修改〈中华人民共和国个人所得税法〉的决定》第四次修正　根据2007年12月29日第十届全国人民代表大会常务委员会第三十一次会议《关于修改〈中华人民共和国个人所得税法〉的决定》第五次修正　根据2011年6月30日第十一届全国人民代表大会常务委员会第二十一次会议《关于修改〈中华人民共和国个人所得税法〉的决定》第六次修正　根据2018年8月31日第十三届全国人民代表大会常务委员会第五次会议《关于修改〈中华人民共和国个人所得税法〉的决定》第七次修正）

中华人民共和国企业所得税法

（2007年3月16日第十届全国人民代表大会第五次会议通过　根据2017年2月24日第十二届全国人民代表大会常务委员会第二十六次会议《关于修改〈中华人民共和国企业所得税法〉的决定》第一次修正　根据2018年12月29日第十三届全国人民代表大会常务委员会第七次会议《关于修改〈中华人民共和国电力法〉等四部法律的决定》第二次修正）

中华人民共和国车船税法

（2011 年 2 月 25 日第十一届全国人民代表大会常务委员会第十九次会议通过　根据 2019 年 4 月 23 日第十三届全国人民代表大会常务委员会第十次会议《关于修改〈中华人民共和国建筑法〉等八部法律的决定》修正）

中华人民共和国审计法

（1994 年 8 月 31 日第八届全国人民代表大会常务委员会第九次会议通过　根据 2006 年 2 月 28 日第十届全国人民代表大会常务委员会第二十次会议《关于修改〈中华人民共和国审计法〉的决定》第一次修正　根据 2021 年 10 月 23 日第十三届全国人民代表大会常务委员会第三十一次会议《关于修改〈中华人民共和国审计法〉的决定》第二次修正）

中华人民共和国土地管理法

（1986 年 6 月 25 日第六届全国人民代表大会常务委员会第十六次会议通过　根据 1988 年 12 月 29 日第七届全国人民代表大会常务委员会第五次会议《关于修改〈中华人民共和国土地管理法〉的决定》第一次修正　1998 年 8 月 29 日第九届全国人民代表大会常务委员会第四次会议修订　根据 2004 年 8 月 28 日第十届全国人民代表大会常务委员会第十一次会议《关于修改〈中华人民共和国土地管理法〉的决定》第二次修正　根据 2019 年 8 月 26 日第十三届全国人民代表大会常务委员会第十二次会议《关于修改〈中华人民共和国土地管理法〉、〈中华人民共和国城市房地产管理法〉的决定》第三次修正）

中华人民共和国城市房地产管理法

（1994 年 7 月 5 日第八届全国人民代表大会常务委员会第八次会议通过　根据 2007 年 8 月 30 日第十届全国人民代表大会常务委员会第二十九次会议《关于修改〈中华人民共和国城市房地产管理法〉的决定》第一次修正　根据 2009 年 8 月 27 日第十一届全国人民代表大会常务委员会第十次会议《关于修改部分法律的决定》第二次修正　根据 2019 年 8 月 26 日第十三届全国人民代表大会常务委员会第十二次会议《关于修改〈中华人民共和国土地管理法〉、〈中华人民共和国城市房地产管理法〉的决定》第三次修正）

中华人民共和国城乡规划法

（2007 年 10 月 28 日第十届全国人民代表大会常务委员会第三十次会议通过　根据 2015 年 4 月 24 日第十二届全国人民代表大会常务委员会第十四次会议《关于修改〈中华人民共和国港口法〉等七部法律的决定》第一次修正　根据

2019年4月23日第十三届全国人民代表大会常务委员会第十次会议《关于修改〈中华人民共和国建筑法〉等八部法律的决定》第二次修正）

不动产登记暂行条例

（2014年11月24日国务院令第656号公布　根据2019年3月24日《国务院关于修改部分行政法规的决定》第一次修订　根据2024年3月10日《国务院关于修改和废止部分行政法规的决定》第二次修订）

中华人民共和国民营经济促进法

（2025年4月30日第十四届全国人民代表大会常务委员会第十五次会议通过　2025年4月30日中华人民共和国主席令第46号公布　自2025年5月20日起施行）

环境资源法

第一章　环境保护法

基本要求

了解或理解：我国环境保护法的基本原则、基本制度和环境法律责任，环境保护法的体系，以及政府在环境保护中的职能作用。

熟悉并能够运用：环境控制和环境治理的法律手段。

考试内容

第一节　环境保护法概述

环境保护法的概念和特点　环境保护法的体系　环境保护法的基本原则

第二节　环境保护法的基本制度

环境保护法的基本制度（环境规划制度　清洁生产制度　环境影响评价制度　“三同时”制度　环境保护税制度　总量控制制度　环境保护许可管理制度　环境标准制度　环境监测制度　信息公开和公众参与制度　跨行政区污染防治制度　农村环境综合治理制度　生态保护制度　政府监管责任制度）

第三节　环境法律责任

环境法律责任（环境行政责任　环境民事责任　环境刑事责任）

第二章　自然资源法

基本要求

了解或理解：我国自然资源法的体系和立法现状，森林资源、矿产资源的权属制度、管理制度和保护制度以及相关的法律责任。

熟悉并能够运用：资源利用和资源保护的法律规则。

考试内容

第一节　自然资源法概述

自然资源的概念　自然资源法的概念　我国自然资源立法现状

第二节　森林法

森林法概述（立法宗旨和调整对象　森林资源的定义　森林的分类）　森林资源权属制度（森林资源所有权　森林资源使用权　森林资源权属登记　林木所有权及收益权　林地、林木的征收、征用　权利保护及权利人义务　争议解决）　森林资源保护制度（森林保护的目标及相关职责　重点保护制度　护林制度　森林灾害防控制度　林地保护制度　珍稀资源保护制度）　森林资源培育制度（造林绿化　生态修复）　森林资源管理制度（发展规划制度　调查监测制度　公益林管理制度　商品林管理制度　林地占用审批制度　森林经营方案制度　森林采伐管理制度　监督检查制度）　涉林违法行为的法律责任（涉林违法行为的概念　涉林违法行为的样态及责任）

第三节　矿产资源法

矿产资源权属制度（国家所有权　矿业权）　矿产资源勘查开发管理（基本原则　资源规划　管理制度）　矿区生态修复（总体要求　管理职责　生态修复义务　生态修复方案　生态修复费用）　矿产资源储备和应急（矿产资源储备制度　矿产资源应急制度）　监督管理（职权部门　监督检查职责和措施　监管工具）　矿产资源违法责任（违法行为样态及责任　违法责任追究）

附录：法律法规目录

中华人民共和国环境保护法

（1989 年 12 月 26 日第七届全国人民代表大会常务委员会第十一次会议通过

2014 年 4 月 24 日第十二届全国人民代表大会常务委员会第八次会议修订）

中华人民共和国环境影响评价法

（2002 年 10 月 28 日第九届全国人民代表大会常务委员会第三十次会议通过　根据 2016 年 7 月 2 日第十二届全国人民代表大会常务委员会第二十一次会议《关于修改〈中华人民共和国节约能源法〉等六部法律的决定》第一次修正　根据 2018 年 12 月 29 日第十三届全国人民代表大会常务委员会第七次会议《关于修改〈中华人民共和国劳动法〉等七部法律的决定》第二次修正）

中华人民共和国森林法

（1984 年 9 月 20 日第六届全国人民代表大会常务委员会第七次会议通过　根据 1998 年 4 月 29 日第九届全国人民代表大会常务委员会第二次会议《关于修改〈中华人民共和国森林法〉的决定》第一次修正　根据 2009 年 8 月 27 日第十一届全国人民代表大会常务委员会第十次会议《关于修改部分法律的决定》第二次修正　2019 年 12 月 28 日第十三届全国人民代表大会常务委员会第十五次会议修订）

中华人民共和国矿产资源法

（1986 年 3 月 19 日第六届全国人民代表大会常务委员会第十五次会议通过　根据 1996 年 8 月 29 日第八届全国人民代表大会常务委员会第二十一次会议《关于修改〈中华人民共和国矿产资源法〉的决定》第一次修正　根据 2009 年 8 月 27 日第十一届全国人民代表大会常务委员会第十次会议《关于修改部分法律的决定》第二次修正　2024 年 11 月 8 日第十四届全国人民代表大会常务委员会第十二次会议修订）

劳动与社会保障法

第一章　劳　动　法

基本要求

了解或理解：调整劳动合同关系和保障劳动者权益的各主要制度的目标、原则和基本规则，以及劳动纠纷的解决机制。

熟悉并能够运用：劳动合同、劳动基准和劳动争议解决的法律规则。

考试内容

第一节　劳动法概述

劳动法的概念和调整对象　我国劳动法的适用范围　劳动法律关系　工会和劳动行政部门在劳动法上的地位

第二节　劳动合同法

劳动合同的概念和种类　劳动合同的订立　劳动合同的条款　劳动合同的效力　劳动合同的履行和变更　劳动合同的解除和终止（解除劳动合同的条件、程序和经济补偿　劳动合同终止的法定情形）　集体合同（集体合同的概念　集体合同的订立和生效　集体合同争议处理）　劳务派遣（劳务派遣岗位　劳务派遣单位　劳务派遣协议　用工单位的义务　被派遣劳动者的权利）　非全日制用工　违反劳动合同法的法律责任

第三节　劳动基准法

工作时间和休息休假制度（工作时间的概念和种类　休息休假的概念和种类　有关加班的法律规定）　工资制度（工资的概念和特征　工资分配原则　工资支付保障　最低工资保障）　职业安全卫生制度（职业安全卫生法的概念和特点　职业安全卫生法律制度的内容）

第四节　劳动争议

劳动争议的概念和分类　劳动争议的处理机构（劳动争议调解机构　劳动争议仲裁机构　人民法院）　劳动争议的解决方式及处理程序（协商　调解　仲裁　诉讼）

第二章　社会保障法

基本要求

了解或理解：我国社会保障的立法体系及立法成果，社会保险法的基本制度和险种。

熟悉并能够运用：社会保险法（含军人保险法）各险种的主要规则。

考试内容

第一节　社会保障法概述

社会保障法的概念　我国的社会保障立法

第二节　社会保险法

社会保险法的基本构架（社会保险法的特点　社会保险法的基本原则）　社会保险法的基本制度（社会保险费征缴制度　社会保险基金制度　社会保险经办制度　社会保险监督制度）　社会保险的险种（基本养老保险　基本医疗保险　工伤保险　失业保险　生育保险）　军人保险（军人保险的特点　军人保险的经办机构　军人保险的险种　军人保险基金　军人保险的经办和监督）　违反社会保险法的法律责任（承担行政责任的情形　承担行政责任和民事责任的情形　追究刑事责任的情形）

附录：法律法规目录

中华人民共和国劳动法

（1994 年 7 月 5 日第八届全国人民代表大会常务委员会第八次会议通过　根据

2009年8月27日第十一届全国人民代表大会常务委员会第十次会议《关于修改部分法律的决定》第一次修正　根据2018年12月29日第十三届全国人民代表大会常务委员会第七次会议《关于修改〈中华人民共和国劳动法〉等七部法律的决定》第二次修正）

中华人民共和国劳动合同法

（2007年6月29日第十届全国人民代表大会常务委员会第二十八次会议通过　根据2012年12月28日第十一届全国人民代表大会常务委员会第三十次会议《关于修改〈中华人民共和国劳动合同法〉的决定》修正）

中华人民共和国劳动合同法实施条例

（2008年9月18日国务院令第535号公布　自2008年9月18日起施行）

中华人民共和国劳动争议调解仲裁法

（2007年12月29日第十届全国人民代表大会常务委员会第三十一次会议通过　2007年12月29日中华人民共和国主席令第80号公布　自2008年5月1日起施行）

中华人民共和国社会保险法

（2010年10月28日第十一届全国人民代表大会常务委员会第十七次会议通过　根据2018年12月29日第十三届全国人民代表大会常务委员会第七次会议《关于修改〈中华人民共和国社会保险法〉的决定》修正）

中华人民共和国军人保险法

（2012年4月27日第十一届全国人民代表大会常务委员会第二十六次会议通过　2012年4月27日中华人民共和国主席令第56号公布　自2012年7月1日起施行）

国际私法

第一章　国际私法概述

基本要求

了解或理解：国际私法的名称、定义和调整对象，国际私法的国内法渊源和国际法渊源。

熟悉并能够运用：国际私法规范、国际私法调整国际民商事法律关系的方法、国际民商事法律关系的界定。

考试内容

第一节　国际私法的概念

国际私法的名称（法则区别说　私国际法　国际私法　冲突法）　国际私法的调整对象（国际民商事法律关系　国际私法调整国际民商事法律关系的方法）　国际私法的定义

第二节　国际私法的范围

在国际私法范围上的不同主张　国际私法的规范（外国人的民商事法律地位规范　冲突规范　国际统一实体私法规范　国际民商事争议解决规范）

第三节　国际私法的渊源

国内法渊源（国内立法　国内判例　司法解释）　国际法渊源（国际条约　国际惯例）

第二章　国际私法的主体

基本要求

了解或理解：自然人、法人、国家、国际组织的国际私法主体资格，外国人的民商事法律地位，自然人的国籍、住所、居所、经常居所以及法人的国籍、住所、经常居所、营业所在国际私法上的意义，国家及其财产豁免问题的产生与发展。

熟悉并能够运用：自然人国籍的积极冲突和消极冲突及其解决，自然人和法人的国籍、住所、经常居所、营业所的确定，外国法人的认可规则，国家及其财产豁免制度以及关于外国人的民商事法律地位的制度。

考试内容

第一节　自然人

自然人的国际私法主体资格　自然人的国籍（自然人国籍的积极冲突的解决　自然人国籍的消极冲突的解决）　自然人的住所（自然人住所的积极冲突的解决　自然人住所的消极冲突的解决）　自然人的居所

第二节　法人

法人的国际私法主体资格　法人的国籍（法人国籍的确定　中国确定法人国籍的实践）　法人的住所　法人的经常居所与营业所　外国法人的认可（外国法人认可的概念　外国法人认可的方式　外国法人在中国的认可）

第三节　国家和国际组织

国家和国际组织的国际私法主体资格　国家及其财产豁免（国家及其财产豁免的概念　国家及其财产豁免问题的产生　国家及其财产豁免权的内容　国家及其财产豁免的理论　国家及其财产豁免与国家的民商事法律责任　中国的立法与实践）

第四节　外国人的民商事法律地位

关于外国人的民商事法律地位的制度（国民待遇　最惠国待遇　优惠待遇）外国人在中国的民商事法律地位

第三章　国际民商事法律冲突、冲突规范和准据法

基本要求

了解或理解：国际民商事法律冲突的概念和类型，国际民商事法律冲突的产生和特点，冲突规范的概念、特性、结构和类型，准据法的概念和特点。

熟悉并能够运用：国际民商事法律冲突的解决方法，准据法的选择方法以及准据法的确定。

考试内容

第一节　国际民商事法律冲突

国际民商事法律冲突的概念和类型（国际民商事法律冲突的概念　国际民商事法律冲突的类型）国际民商事法律冲突的产生和特点（国际民商事法律冲突的产生　国际民商事法律冲突的特点）国际民商事法律冲突的解决方法（冲突法解决方法　实体法解决方法）

第二节　冲突规范

冲突规范的概念（冲突规范的名称和定义　冲突规范的特性）冲突规范的结构（冲突规范的构成　连结点　系属公式）冲突规范的类型（单边冲突规范　双边冲突规范　重叠适用的冲突规范　选择适用的冲突规范）

第三节　准据法

准据法的概念和特点（准据法的概念　准据法的特点）准据法的选择方法　准据法的确定（区际法律冲突与准据法的确定　人际法律冲突与准据法的确定　时际法律冲突与准据法的确定）

第四章　适用冲突规范的制度

基本要求

了解或理解：适用冲突规范的各种制度（定性、反致、外国法的查明、公共秩序保留与强制性规定的直接适用和法律规避）的概念、内容以及中国的相关法律规定，适用冲突规范的各种制度的作用及导致的结果。

熟悉并能够运用：适用冲突规范的各种制度以及中国法律的相关规定。

考试内容

第一节　定性

定性的概念及其法律意义　定性的依据（依法院地法定性　依准据法定性　中国关于定性的规定）

第二节　反致

反致的概念和类型（直接反致　转致　间接反致　完全反致）反致问题的产生　关于反致的实践　中国对反致的态度

第三节　外国法的查明和解释

外国法的查明的概念　外国法的查明方法　无法查明外国法时的解决办法　外国法的错误适用（适用内国冲突规范的错误　适用外国法本身的错误）外国法的解释　中国关于外国法的查明的规定

第四节　公共秩序保留与强制性规定的直接适用

公共秩序保留的概念及其法律意义　关于公共秩序保留的实践　中国关于公共秩序保留的规定　强制性规定的直接适用

第五节　法律规避

法律规避的概念　法律规避的效力　法律规避的对象　中国关于法律规避的规定

第五章　国际民商事关系的法律适用

基本要求

了解或理解：常见的国际民商事法律关系及法律适用规则。

熟悉并能够运用：中国法律明确规定的法律适用规则。

考试内容

第一节　权利能力和行为能力

自然人权利能力的法律适用（自然人权利能力的法律冲突　自然人权利能力的法律适用　中国关于自然人权利能力法律适用的规定）自然人行为能力的法律适用（自然人行为能力的法律冲突　自然人行为能力的法律适用　中国关于自然人行为能力法律适用的规定）法人权利能力和行为能力的法律适用（法人权利能力和行为能力的法律冲突　法人权利能力和行为能力的法律适用　中国关于法人权利能力和行为能力法律适用的规定）

第二节　物权

不动产物权的法律适用（物之所在地法原则　不动产物权法律适用的一般原则　中国关于不动产物权法律适用的规定）动产物权的法律适用（动产物权法律适用的一般原则　中国关于动产物权法律适用的规定）

第三节　债权

合同的法律适用（当事人意思自治原则　最密切联系原则　特征性履行方法　中国关于合同法律适用的规定）侵权行为的法律适用（一般侵权行为的法律适用　特殊侵权行为的法律适用　中国关于侵权行为法律适用的规定）

第四节　商事关系

票据关系的法律适用（票据当事人行为能力的法律适用　票据行为方式的法律适用　票据追索权行使期限的法律适用　持票人责任的法律适用　票据丧失时权利保全程序的法律适用）**代理的法律适用**（代理法律适用的一般原则　中国关于代理法律适用的规定）**信托的法律适用**（信托法律适用的一般原则　中国关于信托法律适用的规定）

第五节　婚姻家庭

结婚的法律适用（结婚实质要件的法律适用　结婚形式要件的法律适用　中国关于结婚法律适用的规定）**夫妻关系的法律适用**（夫妻人身关系的法律适用　夫妻财产关系的法律适用　中国关于夫妻关系法律适用的规定）**离婚的法律适用**（离婚案件的管辖权　离婚的法律适用　中国关于涉外离婚的规定）**家庭关系的法律适用**（父母子女关系的法律适用　收养的法律适用　扶养的法律适用　监护的法律适用）

第六节　继承

法定继承的法律适用（区别制　同一制　中国关于法定继承法律适用的规定）**遗嘱的法律适用**（立遗嘱人能力的法律适用　遗嘱方式的法律适用　遗嘱内容和效力的法律适用　中国关于遗嘱法律适用的规定）**遗产管理的法律适用**（中国关于遗产管理法律适用的规定）**无人继承财产归属的法律适用**（中国关于无人继承财产归属法律适用的规定）

第七节　知识产权

知识产权归属的法律适用（中国关于知识产权归属法律适用的规定）　**知识产权转让的法律适用**（中国关于知识产权转让法律适用的规定）**知识产权侵权的法律适用**（中国关于知识产权侵权法律适用的规定）

第六章 国际民商事争议的解决

基本要求

了解或理解：协商、调解、仲裁与诉讼等国际民商事争议解决方式及其运作和中国的相关法律规定。

熟悉并能够运用：国际商事仲裁和国际民事诉讼。

考试内容

第一节 国际民商事争议概述

国际民商事争议的概念和特点（国际民商事争议的概念 国际民商事争议的特点） 国际民商事争议的解决方式（协商 调解 仲裁 诉讼 替代争议解决方式）

第二节 国际商事仲裁

国际商事仲裁的概念和特性 仲裁协议（仲裁协议的概念和类型 仲裁协议的基本内容 仲裁协议的法律效力 仲裁协议的有效性及其认定） 仲裁程序中的财产保全与证据保全 国际商事仲裁的法律适用 申请撤销仲裁裁决 仲裁裁决的承认与执行（承认与执行外国仲裁裁决的国际公约 中国仲裁机构涉外仲裁裁决在中国的执行 中国仲裁机构仲裁裁决在外国的承认与执行 外国仲裁裁决在中国的承认与执行）

第三节 国际民事诉讼

国际民事诉讼和国际民事诉讼法（国际民事诉讼的概念和特点 国际民事诉讼法的概念和特点） 外国人的民事诉讼地位（有关外国人民事诉讼地位的一般原则 外国人在中国的民事诉讼地位） 国际民事案件管辖权（国际民事案件管辖权的概念 确定国际民事案件管辖权的原则 一事再理与一事两诉 诉讼管辖权和仲裁管辖权 中国关于国

际民事案件管辖权的规定） 国际民事诉讼的期间、诉讼保全、诉讼时效和审理程序　国际司法协助（司法协助的概念　司法协助的途径和履行　中国关于司法协助的规定　域外送达与中国关于域外送达文书的规定　域外取证　外国法院判决的承认与执行） 外资非正常撤离中国相关利益方跨国追究与诉讼的问题

第七章　区际法律问题

基本要求

了解或理解：区际法律冲突、区际司法协助的概念和中国的相关规定，中国产生区际法律冲突和作出区际司法协助安排的原因。

熟悉并能够运用：中国区际司法协助安排的内容与相关规则。

考试内容

第一节　区际法律冲突与区际冲突法

法域的概念　区际法律冲突与区际冲突法的概念　区际法律冲突的解决（区际冲突法解决途径　统一实体法解决途径） 中国区际法律冲突的解决（中国区际法律冲突的解决途径　中国区际法律冲突的解决步骤）

第二节　区际司法协助

内地（大陆）与港澳台地区之间的送达（内地与香港特别行政区之间的送达　内地与澳门特别行政区之间的送达　大陆与台湾地区之间的送达） 内地（大陆）与港澳台地区之间的调查取证　内地与香港、澳门特别行政区法院就仲裁程序相互协助保全　内地（大陆）与港澳台地区相互执行法院判决　内地（大陆）与港澳台地区相互执行仲裁裁决

附录：法律法规目录

中华人民共和国涉外民事关系法律适用法

（2010年10月28日第十一届全国人民代表大会常务委员会第十七次会议通过　2010年10月28日中华人民共和国主席令第36号公布　自2011年4月1日起施行）

中华人民共和国对外关系法

（2023年6月28日第十四届全国人民代表大会常务委员会第三次会议通过　2023年6月28日中华人民共和国主席令第7号公布　自2023年7月1日起施行）

中华人民共和国外国国家豁免法

（2023年9月1日第十四届全国人民代表大会常务委员会第五次会议通过　2023年9月1日中华人民共和国主席令第10号公布　自2024年1月1日起施行）

最高人民法院关于适用《中华人民共和国涉外民事关系法律适用法》若干问题的解释（一）

（2012年12月10日最高人民法院审判委员会第1563次会议通过　根据2020年12月23日最高人民法院审判委员会第1823次会议《关于修改〈最高人民法院关于破产企业国有划拨土地使用权应否列入破产财产等问题的批复〉等二十九件商事类司法解释的决定》修正）　法释〔2020〕18号

最高人民法院关于适用《中华人民共和国涉外民事关系法律适用法》若干问题的解释（二）

（2023年8月30日最高人民法院审判委员会第1898次会议通过　2023年11月30日公布　自2024年1月1日起施行）　法释〔2023〕12号

最高人民法院关于审理涉外民商事案件适用国际条约和国际惯例若干问题的解释

（2023年12月5日最高人民法院审判委员会第1908次会议通过　2023年12月28日公布　自2024年1月1日起施行）　法释〔2023〕15号

外国人在中华人民共和国收养子女登记办法

（1999年5月12日国务院批准　根据2024年12月6日《国务院关于修改和

废止部分行政法规的决定》修订）

最高人民法院关于涉外民商事案件诉讼管辖若干问题的规定

（2001年12月25日最高人民法院审判委员会第1203次会议通过　根据2020年12月23日最高人民法院审判委员会第1823次会议《关于修改〈最高人民法院关于人民法院民事调解工作若干问题的规定〉等十九件民事诉讼类司法解释的决定》修正）法释〔2020〕20号

最高人民法院关于涉外民商事案件管辖若干问题的规定

（2022年8月16日最高人民法院审判委员会第1872次会议通过　2022年11月14日公布　自2023年1月1日起施行）法释〔2022〕18号

关于向国外送达民事或商事司法文书和司法外文书公约

（1965年11月15日订于海牙　1969年2月10日生效　中国于1991年3月2日批准加入）

关于从国外调取民事或商事证据的公约

（1970年3月18日订于海牙　1972年10月7日生效　中国于1997年7月3日批准加入）

跨国收养方面保护儿童及合作公约

（1993年5月29日订于海牙　1995年5月1日生效　中国于2005年4月27日批准加入）

最高人民法院、外交部、司法部关于执行《关于向国外送达民事或商事司法文书和司法外文书公约》有关程序的通知

（1992年3月4日）外发〔1992〕8号

最高人民法院、外交部、司法部关于我国法院和外国法院通过外交途径相互委托送达法律文书若干问题的通知

（1986年8月14日）外发〔1986〕47号

司法部、最高人民法院、外交部关于印发《关于执行海牙送达公约的实施办法》的通知

（1992年9月19日）司发通〔1992〕093号

最高人民法院关于涉外民事或商事案件司法文书送达问题若干规定

（2006年7月17日最高人民法院审判委员会第1394次会议通过　根据2020年12月23日最高人民法院审判委员会第1823次会议《关于修改〈最高人民法院关于人民法院民事调解工作若干问题的规定〉等十九件民事诉讼类司法解

释的决定》修正） 法释〔2020〕20号

最高人民法院关于依据国际公约和双边司法协助条约办理民商事案件司法文书送达和调查取证司法协助请求的规定

（2013年1月21日最高人民法院审判委员会第1568次会议通过 根据2020年12月23日最高人民法院审判委员会第1823次会议《关于修改〈最高人民法院关于人民法院民事调解工作若干问题的规定〉等十九件民事诉讼类司法解释的决定》修正） 法释〔2020〕20号

最高人民法院关于中国公民申请承认外国法院离婚判决程序问题的规定

（1991年7月5日最高人民法院审判委员会第503次会议通过 根据2020年12月23日最高人民法院审判委员会第1823次会议《关于修改〈最高人民法院关于人民法院民事调解工作若干问题的规定〉等十九件民事诉讼类司法解释的决定》修正） 法释〔2020〕20号

承认及执行外国仲裁裁决公约

（1958年6月10日订于纽约 1959年6月7日生效 中国于1986年12月2日批准加入）

最高人民法院关于执行我国加入的《承认及执行外国仲裁裁决公约》的通知

（1987年4月10日） 法（经）发〔1987〕5号

最高人民法院关于人民法院处理与涉外仲裁及外国仲裁事项有关问题的通知

（1995年8月28日） 法发〔1995〕18号

最高人民法院关于适用《中华人民共和国仲裁法》若干问题的解释

（2005年12月26日最高人民法院审判委员会第1375次会议通过） 法释〔2006〕7号

最高人民法院关于内地与香港特别行政区法院相互委托送达民商事司法文书的安排

（1998年12月30日最高人民法院审判委员会第1038次会议通过 自1999年3月30日起施行） 法释〔1999〕9号

最高人民法院关于内地与香港特别行政区法院就仲裁程序相互协助保全的安排

（2019年3月25日最高人民法院审判委员会第1763次会议通过 2019年9月26日公布 自2019年10月1日起生效） 法释〔2019〕14号

最高人民法院关于内地与澳门特别行政区就仲裁程序相互协助保全的安排

（2022 年 2 月 15 日最高人民法院审判委员会第 1864 次会议通过　2022 年 2 月 24 日公布　自 2022 年 3 月 25 日起施行）法释〔2022〕7 号

最高人民法院关于内地与香港特别行政区相互执行仲裁裁决的安排

（1999 年 6 月 18 日最高人民法院审判委员会第 1069 次会议通过　自 2000 年 2 月 1 日起施行）法释〔2000〕3 号

最高人民法院关于内地与香港特别行政区相互执行仲裁裁决的补充安排①

（2020 年 11 月 9 日最高人民法院审判委员会第 1815 次会议通过　2020 年 11 月 26 日公布）法释〔2020〕13 号

最高人民法院关于内地与香港特别行政区法院相互认可和执行民商事案件判决的安排

（2019 年 1 月 14 日最高人民法院审判委员会第 1759 次会议通过　2024 年 1 月 25 日公布　自 2024 年 1 月 29 日起施行）法释〔2024〕2 号

最高人民法院关于内地与香港特别行政区法院相互认可和执行婚姻家庭民事案件判决的安排

（2017 年 5 月 22 日由最高人民法院审判委员会第 1718 次会议通过　2022 年 2 月 14 日公布　自 2022 年 2 月 15 日起施行）法释〔2022〕4 号

最高人民法院关于内地与香港特别行政区法院就民商事案件相互委托提取证据的安排

（2016 年 10 月 31 日最高人民法院审判委员会第 1697 次会议通过　2017 年 2 月 27 日公布　自 2017 年 3 月 1 日起施行）法释〔2017〕4 号

最高人民法院关于内地与澳门特别行政区法院就民商事案件相互委托送达司法文书和调取证据的安排

（2001 年 8 月 7 日最高人民法院审判委员会第 1186 次会议通过　根据 2019 年 12 月 30 日最高人民法院审判委员会第 1790 次会议《关于修改〈关于内地与澳门特别行政区法院就民商事案件相互委托送达司法文书和调取证据的安排〉的决定》修正）法释〔2020〕1 号

① 本司法解释第 1 条、第 4 条自 2020 年 11 月 27 日起施行，第 2 条、第 3 条在香港特别行政区完成有关程序后，由最高人民法院公布施行日期。现香港特别行政区已完成有关程序，本司法解释第 2 条、第 3 条自 2021 年 5 月 19 日起施行。

最高人民法院关于涉港澳民商事案件司法文书送达问题若干规定

（2009 年 2 月 16 日最高人民法院审判委员会第 1463 次会议通过　自 2009 年 3 月 16 日起施行）　法释〔2009〕2 号

最高人民法院关于内地与澳门特别行政区相互认可和执行民商事判决的安排

（2006 年 2 月 13 日最高人民法院审判委员会第 1378 次会议通过　2006 年 3 月 21 日公布　自 2006 年 4 月 1 日起施行）　法释〔2006〕2 号

最高人民法院关于内地与澳门特别行政区相互认可和执行仲裁裁决的安排

（2007 年 9 月 17 日最高人民法院审判委员会第 1437 次会议通过　2007 年 12 月 12 日公布　自 2008 年 1 月 1 日起施行）　法释〔2007〕17 号

最高人民法院关于认可和执行台湾地区法院民事判决的规定

（2015 年 6 月 2 日最高人民法院审判委员会第 1653 次会议通过　根据 2024 年 10 月 29 日最高人民法院审判委员会第 1928 次会议《关于修改〈最高人民法院关于认可和执行台湾地区法院民事判决的规定〉的决定》修正）　法释〔2024〕14 号

最高人民法院关于认可和执行台湾地区仲裁裁决的规定

（2015 年 6 月 2 日最高人民法院审判委员会第 1653 次会议通过　2015 年 6 月 29 日公布　自 2015 年 7 月 1 日起施行）　法释〔2015〕14 号

最高人民法院关于涉台民事诉讼文书送达的若干规定

（最高人民法院审判委员会第 1421 次会议通过　2008 年 4 月 17 日公布　自 2008 年 4 月 23 日起施行）　法释〔2008〕4 号

最高人民法院关于审理涉台民商事案件法律适用问题的规定

（2010 年 4 月 26 日最高人民法院审判委员会第 1486 次会议通过　根据 2020 年 12 月 23 日最高人民法院审判委员会第 1823 次会议《关于修改〈最高人民法院关于破产企业国有划拨土地使用权应否列入破产财产等问题的批复〉等二十九件商事类司法解释的决定》修正）　法释〔2020〕18 号

最高人民法院关于人民法院受理涉及特权与豁免的民事案件有关问题的通知

（2007 年 5 月 22 日公布　自 2007 年 5 月 22 日起施行）　法释〔2007〕69 号

最高人民法院关于仲裁司法审查案件报核问题的有关规定

（2017 年 11 月 20 日最高人民法院审判委员会第 1727 次会议通过　根据 2021

年11月15日最高人民法院审判委员会第1850次会议《关于修改〈最高人民法院关于仲裁司法审查案件报核问题的有关规定〉的决定》修正） 法释〔2021〕21号

最高人民法院关于审理仲裁司法审查案件若干问题的规定

（2017年12月4日最高人民法院审判委员会第1728次会议通过 2017年12月26日公布 自2018年1月1日起施行） 法释〔2017〕22号

最高人民法院关于设立国际商事法庭若干问题的规定

（2018年6月25日最高人民法院审判委员会第1743次会议通过 根据2023年12月5日最高人民法院审判委员会第1908次会议《关于修改〈最高人民法院关于设立国际商事法庭若干问题的规定〉的决定》修正） 法释〔2023〕14号

国际经济法

第一章 导　论

基本要求

了解：国际经济法的概念和调整范围，国际经济法的主体，国际经济法的渊源，国际经济法领域的新发展。

考试内容

国际经济法的概念和调整范围　国际经济法的主体　国际经济法的渊源　国际经济法领域的新发展（区域经济合作　网络安全与数据跨境流动）

第二章 国际货物买卖

基本要求

了解：国际商业惯例，1980 年《联合国国际销售合同公约》，国际货物买卖合同的订立。

熟悉并能够运用：FOB、CIF、CFR 贸易术语的基本内容，国际货物买卖合同中双方当事人的权利与义务及违约救济。

考试内容

第一节 概述

国际货物买卖合同的概念　格式合同　国际货物买卖合同的当事人　国际货物买卖合同的主要条款

第二节 《国际贸易术语解释通则》

国际贸易术语的概念 《国际贸易术语解释通则》的选用 《国际贸易术语解释通则®2020》的主要修改 《国际贸易术语解释通则®2020》的主要内容(FOB CIF CFR)

第三节 《联合国国际货物销售合同公约》

《公约》的适用范围[适用《公约》的货物销售合同 《公约》适用的任意性 中国对《公约》的保留(保留与撤销)] 国际货物买卖合同的订立(要约 承诺) 国际货物买卖合同双方的义务(卖方的义务 买方的义务) 风险转移(《公约》确定的风险转移的时间) 违反合同的补救办法(卖方违反合同时适用于买方的补救办法 买方违反合同时适用于卖方的补救办法 适用于买卖双方的一般规定)

第三章 国际货物运输与保险

基本要求

了解:《海牙规则》《维斯比规则》《汉堡规则》的规定,提单及其他运输单证,海上货物运输保险的附加险别。

熟悉并能够运用:提单的种类,无正本提单交付货物的司法解释,海运承运人的责任与免责,海上货物运输保险主要险别。

考试内容

第一节 国际货物运输

班轮运输(班轮运输的概念 班轮运输的当事人 提单的概念及其法律特征 提单的种类 提单的内容 提单在跟单信用证机制中的作用和存在的问题) 其他运输单证 调整班轮运输的国际公约(《海牙规则》《维斯比规则》《汉堡规则》) 其他方式的国际货物运输

第二节　国际货物运输保险

国际货物运输保险概述　国际海洋货物运输保险条款（中国海洋货物运输保险的主要险别　中国海洋货物运输保险的保险期限　中国海洋货物运输保险的除外责任　索赔时效　中国海洋货物运输保险的附加险别）

第四章　国际贸易支付

基本要求

理解：托收各方的关系、托收支付中银行的责任与免责。

熟悉并能够运用：信用证支付的相关原理、UCP 600 号。

考试内容

第一节　汇付与托收

汇付（汇付的概念　汇付的当事人　汇付的种类）　托收（托收的概念　托收的程序　托收的当事人　托收当事人之间的关系　托收的种类　银行的义务与免责）

第二节　信用证

信用证（信用证的内容　信用证的种类　信用证的流转程序　信用证的当事人　信用证当事人之间的关系　银行的责任和免责　信用证欺诈及例外原则　UCP 600 号）

第五章　对外贸易管理制度

基本要求

理解：中国对外贸易管理法的相关内容。

熟悉并能够运用：2020 年《中华人民共和国出口管制法》、反倾销、反补贴、保障措施的相关规定。

考试内容

第一节　中国的对外贸易法

外贸法律制度（外贸法的结构　出口管制　对外贸易经营者　货物进出口　技术进出口　国际服务贸易　贸易秩序　知识产权保护　贸易调查）

第二节　贸易救济措施

反倾销措施（倾销与损害的确定　因果关系　反倾销调查　反倾销措施　反倾销措施的期限和审查）**反补贴措施**（补贴及专向性补贴　损害　因果关系　反补贴调查及反补贴措施）**保障措施**（进口产品数量增加　损害的调查与确定　因果关系　保障措施的实施）**贸易救济措施的国内司法审查与多边审查　WTO的“两反一保”制度**

第六章　世界贸易组织

基本要求

了解：世界贸易组织的法律框架、机构设置、决策程序等一般知识，世贸与关贸的区别与联系，服务贸易总协定。

熟悉并能够运用：关税与贸易总协定的基本内容，世界贸易组织的争端解决机制。

考试内容

第一节　世界贸易组织概述

世界贸易组织法律制度与前关税与贸易总协定法律制度的区别与联系　世界贸易组织的成员　世界贸易组织的法律框架　世界贸易组织的机构设置　世界贸易组织的决策程序　中国“入世”承担的特殊义务

第二节　世界贸易组织的主要法律制度

《关税与贸易总协定》（最惠国待遇　国民待遇　约束关税措施　数量

限制的禁止与例外）《服务贸易总协定》[特点　最惠国待遇义务　具体承诺（市场准入与国民待遇　减让表）]　争端解决制度（制度特点　争端解决程序　通过争端解决报告的方式　专家组、上诉机构的职能　争端类型）

第七章　国际经济法领域的其他法律制度

基本要求

了解：保护知识产权的主要国际公约及国际技术转让法律制度的基本内容，国际投资法、国际融资法和国际税法的概念及其法律渊源的构成，国际技术转让、国际直接投资和国际资金融通的法律制度，国家税收管辖权的概念及其表现形式、国际双重征税问题及其解决方式。

熟悉并能够运用：中国缔结和参加的有关保护知识产权国际公约、多边投资条约、国际贷款协议、国家税收管辖权、国际重复征税和国际重叠征税、CRS（共同申报准则）与境外账户信息交换，中国有关外商投资制度的相关规定。

考试内容

第一节　知识产权的国际保护

保护知识产权的国际公约（《保护工业产权巴黎公约》《保护文学和艺术作品伯尔尼公约》《与贸易有关的知识产权协议》）　有关知识产权国际保护的原则（国民待遇原则　优先权原则　独立保护原则　最惠国待遇原则）　中国对知识产权保护的边境措施　国际技术转让法律制度（国际技术转让合同）

第二节　国际投资法

国际投资法的概念、渊源及形式　中国有关外商投资的立法　《多边投资担保机构公约》《与贸易有关的投资措施协议》《关于解决国家和他国国民之间投资争端公约》

第三节　国际融资法

国际融资法概述（国际贷款　国际证券融资　国际融资租赁）　国际贷款协议的种类及共同性条款　国际融资担保（国际融资的信用担保　国际融资的物权担保）

第四节　国际税法

国际税法的概念及渊源　国家税收管辖权及其表现形式［居民税收管辖权和居民身份的确认标准　CRS（共同申报准则）与境外账户信息交换　所得来源地税收管辖权和所得来源地的认定］　国际双重征税及其解决（国际重复征税　国际重叠征税）　国际逃税与避税的概念　中国对外签订的国际税收协定

附录：法律法规目录

联合国国际货物销售合同公约

（1980 年 4 月 11 日订于维也纳　1988 年 1 月 1 日生效）

国际贸易术语解释通则®2020

（2019 年国际商会修订　2020 年 1 月 1 日起生效）

ICC 跟单信用证统一惯例（UCP 600）

（2006 年国际商会修订　2007 年 7 月 1 日生效）

最高人民法院关于审理信用证纠纷案件若干问题的规定

（2005 年 10 月 24 日最高人民法院审判委员会第 1368 次会议通过　根据 2020 年 12 月 23 日最高人民法院审判委员会第 1823 次会议《关于修改〈最高人民法院关于破产企业国有划拨土地使用权应否列入破产财产等问题的批复〉等二十九件商事类司法解释的决定》修正）　法释〔2020〕18 号

最高人民法院关于审理无正本提单交付货物案件适用法律若干问题的规定

（2009 年 2 月 16 日最高人民法院审判委员会第 1463 次会议通过　根据 2020 年 12 月 23 日最高人民法院审判委员会第 1823 次会议《关于修改〈最高人民法院关于破产企业国有划拨土地使用权应否列入破产财产等问题的批复〉等二十九件商事类司法解释的决定》修正）　法释〔2020〕18 号

国际商会托收统一规则

［1995 年修订　1996 年 1 月 1 日生效　国际商会（ICC）出版物第 522 号］

中华人民共和国对外贸易法

（1994 年 5 月 12 日第八届全国人民代表大会常务委员会第七次会议通过　2004 年 4 月 6 日第十届全国人民代表大会常务委员会第八次会议修订　根据 2016 年 11 月 7 日第十二届全国人民代表大会常务委员会第二十四次会议《关于修改〈中华人民共和国对外贸易法〉等十二部法律的决定》第一次修正　根据 2022 年 12 月 30 日第十三届全国人民代表大会常务委员会第三十八次会议《关于修改〈中华人民共和国对外贸易法〉的决定》第二次修正）

中华人民共和国出口管制法

（2020 年 10 月 17 日第十三届全国人民代表大会常务委员会第二十二次会议通过　2020 年 10 月 17 日中华人民共和国主席令第 58 号公布　自 2020 年 12 月 1 日起施行）

中华人民共和国反倾销条例

（2001 年 11 月 26 日国务院令第 328 号公布　根据 2004 年 3 月 31 日《国务院关于修改〈中华人民共和国反倾销条例〉的决定》修订）

中华人民共和国反补贴条例

（2001 年 11 月 26 日国务院令第 329 号公布　根据 2004 年 3 月 31 日《国务院关于修改〈中华人民共和国反补贴条例〉的决定》修订）

中华人民共和国保障措施条例

（2001 年 11 月 26 日国务院令第 330 号公布　根据 2004 年 3 月 31 日《国务院关于修改〈中华人民共和国保障措施条例〉的决定》修订）

中华人民共和国外商投资法

（2019 年 3 月 15 日第十三届全国人民代表大会第二次会议通过　2019 年 3 月 15 日中华人民共和国主席令第 26 号公布　自 2020 年 1 月 1 日起施行）

中华人民共和国外商投资法实施条例

（2019 年 12 月 12 日国务院第 74 次常务会议通过　2019 年 12 月 26 日国务院令第 723 号公布　自 2020 年 1 月 1 日起施行）

最高人民法院关于适用《中华人民共和国外商投资法》若干问题的解释

（2019 年 12 月 16 日最高人民法院审判委员会第 1787 次会议通过　2019 年 12 月 26 日公布　自 2020 年 1 月 1 日起施行）法释〔2019〕20 号

关于解决国家和他国国民之间投资争端公约

（1965 年 3 月 18 日订于华盛顿　1966 年 10 月 14 日生效）

最高人民法院关于审理独立保函纠纷案件若干问题的规定

（2016 年 7 月 11 日最高人民法院审判委员会第 1688 次会议通过　根据 2020 年 12 月 23 日最高人民法院审判委员会第 1823 次会议《关于修改〈最高人民法院关于破产企业国有划拨土地使用权应否列入破产财产等问题的批复〉等二十九件商事类司法解释的决定》修正）法释〔2020〕18 号

民事诉讼法与仲裁制度

第一编　导　　论

第一章　民事诉讼与民事诉讼法

基本要求

理解：民事诉讼的特征，民事诉讼法的属性，我国民事诉讼法的效力范围。

熟悉并能够运用：民事纠纷的解决方式，民事纠纷解决机制的相关原理。

考试内容

第一节　民事诉讼

民事纠纷的解决方式（内容　特点　不同的解决民事纠纷方式的区别点）　民事诉讼的特征

第二节　民事诉讼法

民事诉讼法的概念与属性　民事诉讼法的效力（对人的效力　对事的效力　空间上的效力　时间上的效力）

第二章　民事诉讼法的基本原则与基本制度

基本要求

理解：民事诉讼法各特有的基本原则的基本内容，民事诉讼法的基本制度的基本内容。

熟悉并能够运用：民事诉讼法各特有的基本原则和各基本制度在民事诉讼中的体现，并能具体举例说明。

考试内容

第一节 基本原则

当事人诉讼权利平等原则(含义　内容　法院对诉讼权利平等的保障)　同等原则和对等原则(同等原则　对等原则)　法院调解自愿和合法的原则(调解应当自愿　调解应当合法　贯彻调解原则应当注意的问题)　辩论原则(含义　内容　对辩论权行使的保障)　诚信原则(含义　内容　对当事人、其他诉讼参与人和法官诉讼行为的要求)　处分原则(含义　内容　法院对当事人行使处分权的保障)　检察监督原则(含义　检察监督的内容　抗诉和检察建议)　在线诉讼与线下诉讼具有同等效力原则

第二节 基本制度

合议制度(审判组织　合议的概念与内容　合议制度的适用范围　独任制的适用范围)　回避制度(回避的含义　回避的适用对象　回避适用的具体情形　回避的法律后果)　公开审判制度(内容　公开审判的范围与例外)　两审终审制度(内容　两审终审之例外)

第三章 诉

基本要求

理解:诉的要素,诉的分类,诉的合并与分离。

熟悉并能够运用:诉讼标的的识别,划分诉的种类的标准,反诉的特征,反诉的条件,并能够结合实际确定反诉的构成。

考试内容

第一节 诉的概念与特征

诉的概念　诉的特征

第二节　诉的要素

当事人　诉讼标的（概念　诉讼标的与诉讼标的物的区别　诉讼标的与诉讼请求的关系）　诉的理由

第三节　诉的分类

确认之诉（内容　特点）　给付之诉（内容　特点）　变更之诉（内容　特点）

第四节　反诉

反诉的概念与特征（反诉是独立的诉讼请求　反诉与本诉之间有一定的牵连关系　反诉提出的目的是吞并、抵销本诉）　反诉与反驳的区别　反诉的条件（由本诉的被告向本诉的原告提出　反诉应当在本诉的进行中提出　反诉应当向受理本诉的法院提出，且受诉法院对反诉具有管辖权　反诉与本诉必须适用同一种诉讼程序　反诉与本诉之间存在牵连关系）　反诉的审理

第五节　诉的合并与分离

诉的合并（诉的合并在民事诉讼中的体现）　诉的分离

第二编　诉讼制度

第四章　主管与管辖

基本要求

理解：确定民事诉讼管辖的原则，民事诉讼法所规定的民事诉讼各类管辖的具体内容，不同类别管辖之间的关系，管辖权异议和管辖恒定制度。

熟悉并能够运用：各类管辖适用的条件、具体案件管辖的确定、管辖制度的具体运用。

考试内容

第一节　民事诉讼主管

民事诉讼主管概述　法院民事诉讼主管的范围

第二节　管辖概述

管辖的概念　管辖恒定（最高人民法院关于管辖恒定的有关司法解释）　专门法院的管辖

第三节　级别管辖

级别管辖的概念与依据　各级法院管辖的第一审民事案件

第四节　地域管辖

地域管辖的概念与依据　一般地域管辖（一般地域管辖的原则规定　一般地域管辖的例外规定）　特殊地域管辖（民事诉讼法中规定的各类特殊地域管辖的适用　最高人民法院关于适用特殊地域管辖的相关司法解释）　专属管辖　共同管辖与选择管辖（共同管辖的管辖法院确定）　协议管辖（概念　条件　协议管辖异议的处理）

第五节　裁定管辖

移送管辖（移送管辖的概念　适用移送管辖的条件）　指定管辖（指定管辖的概念　适用指定管辖的情形）　管辖权转移（管辖权转移的概念　管辖权转移的情形　管辖权转移的限定　管辖权转移与移送管辖的区别）

第六节　管辖权异议

管辖权异议的概念与条件　法院对管辖权异议的处理

第五章　当　事　人

基本要求

理解：民事诉讼各类当事人的特点，司法解释中对当事人地位确定的相关内容。

熟悉并能够运用：当事人诉讼权利行使的条件及诉讼权利行使的法律后果，结合实践确定不同的民事主体在诉讼中的地位。

考试内容

第一节　当事人概述

当事人的概念与特征　诉讼权利能力与诉讼行为能力（诉讼权利能力与民事权利能力的关系　诉讼行为能力与民事行为能力之间的关系）当事人适格（含义　当事人适格的标准　当事人适格与诉讼权利能力的关系）当事人的诉讼权利与诉讼义务（权利的行使条件与法律后果　不履行义务的法律后果　法院没有依法保障当事人权利行使的法律后果）

第二节　原告与被告

原告和被告地位的确定（通常情况下原告与被告诉讼地位的确定　最高人民法院相关司法解释中有关原告与被告地位的确定）

第三节　共同诉讼

共同诉讼的概念和特征　共同诉讼人的概念　必要共同诉讼（必要共同诉讼的概念和特征　必要共同诉讼的类型　必要共同诉讼人的追加　必要共同诉讼人的内部关系）普通共同诉讼（普通共同诉讼的概念和特征　普通共同诉讼的构成要件　普通共同诉讼人的内部关系）

第四节　诉讼代表人

诉讼代表人制度概述（诉讼代表人的概念　诉讼代表人制度的性质）诉讼代表人（诉讼代表人的产生　诉讼代表人的法律地位　诉讼代表人的更换）代表人诉讼的种类（人数确定的代表人诉讼　人数不确定的代表人诉讼）人数不确定的代表人诉讼的程序（公告　登记　裁判的效力）

第五节　第三人

第三人的概念和特征　有独立请求权的第三人（含义　有独立请求权

第三人的诉讼地位　有独立请求权第三人参加诉讼的条件　有独立请求权第三人与必要共同诉讼中共同原告的区别）**无独立请求权第三人**（含义　无独立请求权第三人的诉讼地位　无独立请求权第三人参加诉讼的条件）

第六章　诉讼代理人

基本要求

理解：各类诉讼代理人的诉讼代理权的取得，诉讼代理权的权限范围，诉讼代理权消灭的情况。

熟悉并能够运用：诉讼代理人的地位，诉讼代理权的行使。

考试内容

第一节　诉讼代理人概述

诉讼代理人的概念　诉讼代理人的种类

第二节　法定诉讼代理人

法定诉讼代理人的范围　法定诉讼代理人的代理权限　法定诉讼代理权的取得与消灭

第三节　委托诉讼代理人

委托诉讼代理人的范围　委托诉讼代理人的权限　委托诉讼代理权的产生与消灭

第七章　民 事 证 据

基本要求

理解：民事诉讼法规定的各种证据，理论上对证据进行划分的标准。

熟悉并能够运用：各种证据的特点，结合实践情况判断某一材料属于何种证据。

考试内容

第一节　民事证据概述

民事证据的概念　民事证据的特征（客观性、关联性和合法性）　民事证据的证明力

第二节　民事证据的种类

书证（书证的概念与特征　书证的分类　书证的提出　文书提出命令）　**物证**（物证的概念与特征　物证的提出）　**视听资料**（视听资料的概念与特征）　**电子数据**（电子数据的概念　电子数据与视听资料的区别）　**证人证言**（证人证言的概念与特征　证人资格　证人证言的提出）　**当事人陈述**（当事人陈述的概念与特征　专业人士的出庭）　**鉴定意见**（鉴定意见的概念与特征　鉴定的启动　鉴材　鉴定书的作出　当事人鉴定异议的处理　鉴定人出庭　鉴定意见的撤销）　**勘验笔录**（勘验笔录的概念与特征　勘验笔录的形成）

第三节　民事证据的分类

本证与反证（划分的意义　划分的标准）　**直接证据与间接证据**（划分的意义　划分的标准）　**原始证据与传来证据**（划分的意义　划分的标准）

第四节　证据保全

证据保全的概念和意义　证据保全的条件　证据保全的程序　证据保全的措施

第八章　民事诉讼中的证明

基本要求

理解：证明对象、证明标准的概念，司法解释对证据交换的规定，质证的程序、证明责任的基本内容。

熟悉并能够运用：司法解释对举证时限的规定、证明责任的分配，结合实践情况运用证明责任制度。

考试内容

第一节 证明对象

证明对象的概念与范围　免于证明的事实

第二节 证明责任

证明责任的概念　证明责任的分配　证明责任的特殊分配

第三节 证明标准

证明标准的概念　民事诉讼的证明标准（高度盖然性　与刑事诉讼证明标准的区别）

第四节 证明程序

举证时限（举证时限的概念　举证时限的确定）证据交换与质证　人民法院调查收集证据　认证（概念　基本要求　方法　注意事项）

第九章 人民法院调解

基本要求

理解：人民法院调解应当遵循的原则，不需要制作调解书的情形。

熟悉并能够运用：司法解释中关于调解的规定，调解协议与调解书及其效力。

考试内容

第一节 人民法院调解概述

人民法院调解的概念与性质　人民法院调解与诉讼外调解、诉讼中和解的区别

第二节　人民法院调解的原则

当事人自愿原则　查明事实与分清是非原则　合法原则

第三节　人民法院调解的程序

调解的开始　调解的进行　调解结束

第四节　调解书及调解的效力

调解协议与调解书（调解协议的概念　调解书的概念　调解书的制作　不需要制作调解书的情形　调解书的送达）调解的法律效力　调解的相关问题

第十章　民事诉讼保障制度

基本要求

理解：期间的概念、期间的意义、送达方式与送达的效力，诉前保全、诉讼保全和先予执行的条件，妨害民事诉讼行为的种类、对妨害民事诉讼的强制措施的种类、妨害民事诉讼行为的构成要件。

熟悉并能够运用：民事诉讼法规定的主要的诉讼期间、送达的适用，诉讼保全、先予执行的适用范围，拘传与拘留的适用。

考试内容

第一节　期间

期间的概念（期间　期限　期日）期间的种类（法定期间　指定期间）期间的计算　期间的耽误和延展

第二节　送达

送达的概念与特征　送达方式（直接送达　电子送达　留置送达　委托送达　邮寄送达　转交送达　公告送达）送达的效力

第三节 保全

保全的概念与对象 保全的种类（诉前保全 诉讼保全） 保全的申请和裁定 保全的担保 保全的范围 保全的措施（财产保全的措施 行为保全的措施 财产保全措施的延续与解除 行为保全的程序） 财产保全的相关问题

第四节 先予执行

先予执行的概念 先予执行的适用范围 先予执行的条件 先予执行的裁定与执行

第五节 对妨害民事诉讼的强制措施

对妨害民事诉讼的强制措施的概念 妨害民事诉讼行为的构成 妨害民事诉讼行为的种类（恶意诉讼行为） 对妨害民事诉讼强制措施的种类（拘传 训诫 责令退出法庭 罚款 拘留） 对妨害民事诉讼的强制措施的适用

第三编 诉讼程序

第十一章 普通程序

基本要求

理解：普通程序的基本特点，起诉的条件，起诉审查与立案登记，案件受理的法律后果，审理前的准备，开庭审理程序，撤诉，缺席判决，延期审理、诉讼中止和诉讼终结的法定事由及法律效果。

熟悉并能够运用：起诉制度、撤诉制度、审理前准备、开庭审理程序、缺席判决制度。

考试内容

第一节 普通程序概述

普通程序的概念 普通程序的特点

第二节　普通程序的基本程序阶段

起诉、先行调解、立案登记（起诉的条件、方式和起诉状的内容　人民法院对起诉的审查与立案登记　对当事人起诉时几种特殊情况的处理　重复起诉的识别标准　案件受理的法律后果）　审理前的准备（在法定期间内送达诉讼文书　被告答辩　管辖权异议　告知当事人诉讼权利义务及合议庭组成人员　确定举证期限　庭前会议　审阅诉讼材料　调查收集必要的证据　追加当事人　选择审理案件适用的程序　庭前调解）　开庭审理（庭审准备　宣布开庭　法庭调查　法庭辩论　合议庭评议和宣判　审理期限　庭审笔录）

第三节　撤诉和缺席判决

撤诉（申请撤诉的条件　按撤诉处理的情形　有独立请求权第三人参加诉讼的撤诉　撤回本诉对反诉的影响　撤诉的法律后果）　缺席判决（缺席判决的情形）

第四节　延期审理、诉讼中止和诉讼终结

延期审理（延期审理的事由　延期审理的法律后果）　诉讼中止（诉讼中止的事由　诉讼中止的法律后果）　诉讼终结（诉讼终结的事由　诉讼终结的法律后果）

第十二章　简易程序

基本要求

理解：简易程序的特点、适用范围，简易程序的特殊规定，小额诉讼制度。

熟悉并能够运用：简易程序的适用范围，简易程序的特殊规则，适用小额诉讼程序的条件和特殊规则。

考试内容

第一节　简易程序的概念和适用范围

简易程序的概念　简易程序的适用范围（适用简易程序的法院　适用

简易程序的案件　当事人约定适用简易程序　对适用简易程序的异议及处理）

第二节　简易程序的具体适用

起诉与答辩（起诉的方式　答辩的方式）**审理前的准备**（诉状送达的特别规定　举证期限的特别规定　审判组织）**开庭审理**（传唤当事人与其他诉讼参与人　法庭调查与辩论　审理期限）**宣判**（宣判方式　判决书的送达　判决书的简化）

第三节　小额诉讼的特别规定

适用小额诉讼的条件与范围（适用小额诉讼审理的条件　适用小额诉讼案件的范围　当事人选择适用小额诉讼）**小额诉讼的特殊规则**（人民法院的告知义务　期间的特别规定　裁判效力　程序转换　对适用小额案件审理程序的异议及处理　裁判文书的简化）

第十三章　第二审程序

基本要求

理解：第二审程序与第一审程序的关系，上诉的提起，上诉的受理，上诉案件的审理，上诉的撤回，上诉裁判的几种情形及效果，上诉案件的调解，第一审程序与第二审程序的关系。

熟悉并能够运用：上诉的条件，上诉审理的方式，上诉案件审理的范围，上诉的撤回，有关上诉裁判的规定，上诉案件的调解。

考试内容

第一节　第二审程序概述

第二审程序的概念　第二审程序与第一审程序的联系与区别

第二节　上诉的提起与受理

上诉的提起（提起上诉的条件　提起上诉的途径）**上诉的受理**（诉讼

文书的接收与送达　诉讼案卷和证据的移送　上诉的审查）

第三节　上诉案件的审理

上诉案件审理的范围　审判组织形式　上诉案件的审理方式及地点　上诉案件的调解　上诉的撤回与起诉的撤回（二审撤回上诉与撤回起诉的条件　二审撤回上诉与撤回起诉的法律效果）

第四节　上诉案件的裁判

上诉案件的裁判方式（对第一审判决提起上诉案件的裁判　对第一审裁定提起上诉案件的裁定）　第二审裁判的效力　第二审程序的审理期限

第十四章　审判监督程序

基本要求

理解：审判监督程序的特点，基于审判监督权提起的再审，再审提起与当事人申请、人民检察院抗诉的关系，申请再审和抗诉的理由。

熟悉并能够运用：法律和司法解释关于再审提起的规定以及再审案件的审判程序，抗诉与检察建议的关系。

考试内容

第一节　审判监督程序概述

审判监督程序的概念　审判监督程序的特点

第二节　基于审判监督权提起再审

人民法院提起再审的条件　人民法院提起再审的程序（本院院长及审判委员会提起再审　上级人民法院提起再审）

第三节　基于检察监督权的抗诉提起再审

抗诉和检察建议的启动　抗诉和检察建议的事由　抗诉的程序（抗诉

的提出　抗诉的方式　抗诉的对象　人民法院对抗诉的接受）检察建议的审查程序

第四节　基于诉权的申请再审

申请再审的条件（申请再审的主体　申请再审的对象　申请再审的事由　申请再审的期限　申请再审的管辖法院　申请再审的提交材料）　再审申请的审查程序（审查的主体　审查的方式　审查的结果　审查中的竞合　审查的期限）

第五节　再审案件的审判程序

再审审理的管辖法院　再审审理的审判程序　再审审理的特殊性（裁定中止原法律文书的执行　另行组成合议庭　再审审理范围　再审审理时当事人的确定　再审审理的方式　撤回抗诉、撤回再审申请和撤回起诉　再审审理的裁判方式　裁定终结再审）

第十五章　公益诉讼与第三人撤销之诉

基本要求

理解：公益诉讼与私益诉讼的关系，公益诉讼的两种类型，公益诉讼与代表人诉讼的关系；第三人撤销之诉的特征，第三人撤销之诉与再审程序和执行异议之诉的关系。

熟悉并能够运用：公益诉讼的起诉主体，公益诉讼的案件范围，公益诉讼的审理程序，公益诉讼的裁判效力，检察公益诉讼的诉前公告；第三人撤销之诉的提起与审理，第三人撤销之诉的裁判效力。

考试内容

第一节　公益诉讼

民事公益诉讼的概念　民事公益诉讼的类型（普通民事公益诉讼　民事检察公益诉讼）　普通民事公益诉讼的程序设置（适用范围　起诉主体　起诉受理条件　审理程序　裁判效力）　民事检察公益诉讼的程

序设置（案件范围　诉前公告　当事人地位　刑事附带民事公益诉讼）

第二节　第三人撤销之诉

第三人撤销之诉的概念　第三人撤销之诉的特征　第三人撤销之诉的程序设置（诉讼主体　诉讼客体　提起诉讼的期限、条件和受理法院　审理方式　裁判效力）

第十六章　民事裁判

基本要求

理解：判决的法律效力，裁定的概念以及适用对象，决定的适用对象，判决与裁定的差异。

熟悉并能够运用：判决效力的有关法律规定。

考试内容

第一节　民事裁判的概念

民事裁判的概念　民事裁判的类型（广义的民事裁判　狭义的民事裁判）

第二节　判决

民事判决的概念和种类　民事判决的内容（案由、诉讼请求及理由　事实认定与法律适用　判决结果）民事判决的法律效力（既判力　执行力　形成力）

第三节　裁定

民事裁定的概念（概念　裁定与判决的区别）民事裁定的内容　民事裁定的效力　裁判文书的查阅

第四节　决定

民事决定的概念　民事决定的内容　民事决定的效力

第十七章　涉外民事诉讼程序

基本要求

理解：涉外民事诉讼程序的一般原则，涉外民事诉讼程序与民事诉讼的关系，涉外民事诉讼程序规定的特殊性，涉外民事诉讼程序中关于涉外案件管辖、送达、调查取证和期间的特殊规定，一般司法协助和特殊司法协助（我国法院判决、裁定以及仲裁裁决在外国的承认和执行，外国法院判决、裁定以及仲裁裁决在我国的承认和执行）。

熟悉并能够运用：涉外民事诉讼管辖和特殊司法协助的规定。

考试内容

第一节　涉外民事诉讼程序概述

涉外民事诉讼程序的概念和特征　涉外民事诉讼程序的一般原则（适用我国民事诉讼法的原则　遵守我国缔结或参加的国际条约的原则　司法豁免原则　委托中国律师代理诉讼的原则　使用我国通用的语言、文字的原则）

第二节　涉外民事诉讼管辖

涉外民事诉讼管辖的原则　涉外民事诉讼管辖　涉外民事诉讼管辖权的冲突及其解决（排他性管辖协议　先受理法院规则　不方便法院原则）

第三节　涉外民事诉讼中的送达、调查取证、期间

涉外民事诉讼中的送达　涉外民事诉讼中的调查取证　涉外民事诉讼中的期间

第四节　司法协助

一般司法协助（条件　内容）特殊司法协助　我国法院判决、裁定以及仲裁裁决在国外的承认和执行　外国法院判决、裁定以及仲裁裁决在我国的承认和执行

第四编　非讼程序与执行程序

第十八章　特别程序

基本要求

理解：特别程序的特点，特别程序适用的范围，适用特别程序的各类案件的审理程序。

熟悉并能够运用：特别程序的法律规定。

考试内容

第一节　特别程序的概念、特点和适用范围

特别程序的概念和特点　特别程序的适用范围（适用特别程序的法院　适用特别程序的案件）

第二节　选民资格案件的审理

选民资格案件的起诉（选民资格案件的起诉条件　管辖法院）　审理与判决（审判组织　审理选民资格案件的参与人　审结的时间　判决书的送达）

第三节　宣告公民失踪案件的审理

宣告公民失踪案件的申请（申请条件　管辖法院）　审理与判决　宣告公民失踪判决的法律效果　宣告公民失踪判决的撤销

第四节　宣告公民死亡案件的审理

宣告公民死亡案件的申请（申请条件　管辖法院）　审理与判决　宣告公民死亡判决的法律后果　宣告公民死亡判决的撤销

第五节　指定遗产管理人案件的审理

指定遗产管理人案件的申请（申请条件　管辖法院）　审理与判决　遗产管理人的变更

第六节　认定公民无民事行为能力、限制民事行为能力案件的审理

认定公民无民事行为能力、限制民事行为能力的申请（申请条件　管辖法院）　审理与判决　认定公民无民事行为能力、限制行为能力判决的撤销

第七节　认定财产无主案件的审理

认定财产无主案件的申请（申请条件　管辖法院）　审理与判决　对原财产所有权人的救济

第八节　确认调解协议案件的审理

确认调解协议案件的申请与受理（申请条件　适用范围　管辖法院）　对确认调解协议案件的审理与裁定

第九节　实现担保物权案件的审理

实现担保物权案件的申请（申请条件　管辖法院）　对申请实现担保物权案件的审理与裁定

第十九章　督促程序

基本要求

理解：督促程序的特点，申请支付令的条件，支付令的内容，支付令的效力，对支付令的异议，督促程序与普通程序的关系。

熟悉并能够运用：关于适用督促程序的规定。

考试内容

第一节　督促程序概述

督促程序的概念和特点　督促程序的适用范围（适用督促程序的法院　适用督促程序的案件）

第二节　支付令的申请、审查和发出

支付令的申请（申请条件　申请形式及内容　管辖法院）对支付令申请的审查　支付令的发出（支付令的内容　支付令的送达与效力）

第三节　对支付令的异议

支付令异议的提出（提出支付令异议的条件）异议成立的法律后果（督促程序与诉讼程序的转换）支付令错误的救济

第二十章　公示催告程序

基本要求

理解：公示催告程序的特点，申请公示催告程序的条件，公示催告程序案件的审理、裁判及除权判决的效力。

熟悉并能够运用：关于公示催告程序的规定。

考试内容

第一节　公示催告程序概述

公示催告程序的概念和特点　公示催告程序的适用范围（适用公示催告程序的法院　适用公示催告程序的案件）

第二节　公示催告的申请和受理

公示催告的申请（申请条件　管辖法院）公示催告申请的受理

第三节　公示催告案件的审理

止付与公告（停止支付　公告）申报权利（对权利申报的审查及处理）　除权判决（申请作出除权判决的条件　除权判决的公告与效力）公示催告程序的终结　对利害关系人的救济

第二十一章　执行程序

基本要求

理解：执行程序的特点，执行的原则，执行程序中的一般性制度，执行的开始，执行和解与诉讼调解的区别，执行担保与执行和解的关系。

熟悉并能够运用：各种执行措施及实施程序，执行异议的程序及处理，暂缓执行、执行中止和执行终结的规定。

考试内容

第一节　执行程序概述

执行和执行程序　执行的原则　执行程序中的一般性制度（执行机构　执行根据　执行管辖　委托执行与协助执行　执行和解　执行担保　执行竞合　执行承担　参与分配　责令执行与变更执行）

第二节　执行开始

执行开始的方式（申请执行　移送执行）　执行通知和立即执行

第三节　执行措施及保全执行

对财产的执行措施（扣押、冻结、划拨、变价被执行人的金融资产　扣留、提取被执行人的收入　查封、扣押、拍卖、变卖被执行人的财产　强制被执行人交付法律文书指定的财物或票证）　对行为的执行措施（强制被执行人迁出房屋或退出土地　强制被执行人履行法律文书指定的行为）　保障性执行措施（查询被执行人的身份信息和财产信息　搜查被执行人的财产　强制被执行人支付迟延履行期间债务利息及迟延履行金　办理财产权证照转移手续　报告财产　限制出境　纳入失信名单，通报征信系统记录不履行义务信息　媒体公布不履行义务信息　限制被执行人消费）　代位执行　保全执行

第四节　执行救济

当事人、利害关系人异议　案外人异议　分配方案异议　案外人异议之诉、许可执行之诉　分配方案异议之诉　执行回转

第五节　暂缓执行、执行中止和执行终结

暂缓执行　执行中止　执行终结　终结本次执行

第五编　仲裁制度

第二十二章　仲裁与仲裁法概述

基本要求

理解：仲裁的概念与特点，我国仲裁法的特点，仲裁与民事诉讼的关系，仲裁作为纠纷解决方式的优势。

熟悉并能够运用：仲裁法关于仲裁适用范围、仲裁基本原则和制度的规定。

考试内容

第一节　仲裁概述

仲裁的概念　仲裁的特点（自愿性　专业性　灵活性　保密性　快捷性　经济性　独立性）　仲裁的类型　仲裁与民事诉讼的关系

第二节　仲裁法概述

仲裁法的概念和特点　仲裁范围　仲裁法的基本原则和基本制度（基本原则　基本制度）

第二十三章　仲裁委员会和仲裁协会

基本要求

理解：仲裁委员会与仲裁协会的关系，仲裁法与仲裁规则的区别与联系。

熟悉并能够运用：仲裁规则。

考试内容

第一节　仲裁委员会

仲裁委员会的设立机制　仲裁委员会应具备的条件

第二节　仲裁协会

仲裁协会的设立　仲裁协会的职责

第三节　仲裁规则

仲裁规则的概念　仲裁规则的制定　仲裁规则的主要内容　仲裁规则与仲裁法的关系及作用

第二十四章　仲裁协议

基本要求

理解：仲裁协议的概念，仲裁协议的有效要件，仲裁条款的独立性。

熟悉并能够运用：法律和司法解释中关于仲裁协议效力的规定，以及仲裁协议的订立，仲裁协议的有效、无效和失效的规定。

考试内容

第一节　仲裁协议概述

仲裁协议的概念　仲裁协议的类型（仲裁条款　仲裁协议书　其他书面形式的仲裁协议　当事人通过援引达成的仲裁协议）　仲裁协议的形式

第二节　仲裁协议的内容

请求仲裁的意思表示　仲裁事项　选定的仲裁委员会

第三节　仲裁条款的独立性

仲裁条款独立性的含义　仲裁条款独立性原则的适用

第四节　仲裁协议的效力

仲裁协议的法律效力（对双方当事人的法律效力　对法院的法律效力　对仲裁机构的法律效力）　仲裁协议效力的确认机构及程序

第五节　仲裁协议的无效与失效

仲裁协议无效的法定情形　仲裁协议的失效　仲裁协议无效、失效的法律后果

第二十五章　仲 裁 程 序

基本要求

理解：仲裁当事人的变更，仲裁程序与诉讼程序的主要区别，通常程序与简易程序的主要区别。

熟悉并能够运用：仲裁程序的全过程，能够适用相关仲裁程序的规定分析和解决仲裁实际中的问题。

考试内容

第一节　仲裁当事人与代理人

仲裁当事人（仲裁当事人的含义及特征　仲裁当事人的变更）　仲裁代理人

第二节　申请与受理

申请仲裁（申请仲裁的条件　申请仲裁的方式）　审查与受理（对仲裁申请的审查　审查后的处理　对仲裁申请受理的法律后果　受理后程序）

第三节　仲裁保全

财产保全和行为保全（概念及适用条件　范围及措施　程序　申请人

的责任） 证据保全（概念及适用条件　程序）

第四节　仲裁庭的组成

仲裁庭的组成形式（合议仲裁庭　独任仲裁庭） 仲裁庭的组成程序（约定仲裁庭的组成形式　确定仲裁员） 仲裁员的回避与更换（仲裁员的回避　仲裁员因其他原因的更换）

第五节　仲裁审理

仲裁审理的方式（开庭审理　书面审理） 开庭审理程序　仲裁审理中的几个特殊问题（撤回仲裁申请　延期开庭　缺席裁决） 开庭笔录

第六节　仲裁中的和解、调解和裁决

仲裁和解与调解　仲裁裁决（仲裁裁决作出的方式　仲裁裁决的种类　仲裁裁决书　仲裁裁决书的补正　仲裁裁决的效力）

第七节　简易程序

简易程序的概念和特点　适用简易程序的条件（争议标的金额在规定数额以下　案情简单　经双方当事人默示或者书面同意） 适用简易程序的审理

第八节　仲裁时效

仲裁时效的概念　仲裁时效期间的计算

第二十六章　申请撤销仲裁裁决

基本要求

理解：撤销仲裁裁决的概念、条件和申请理由，撤销仲裁裁决的制度意义，撤销仲裁裁决的后果。

熟悉并能够运用：法律和司法解释关于撤销仲裁裁决的有关规定。

考试内容

第一节　申请撤销仲裁裁决的概念和特征

申请撤销仲裁裁决的概念　申请撤销仲裁裁决的特征

第二节　申请撤销仲裁裁决的条件和理由

申请撤销仲裁裁决的条件　申请撤销仲裁裁决的理由

第三节　法院对撤销仲裁裁决申请的处理及其法律后果

撤销仲裁裁决　驳回撤销仲裁裁决的申请　通知仲裁庭重新仲裁

第二十七章　仲裁裁决的执行与不予执行

基本要求

理解：仲裁裁决执行程序的中止、终结和恢复，仲裁裁决执行和不予执行的制度意义，不予执行仲裁裁决和撤销仲裁裁决的关系。

熟悉并能够运用：法律和司法解释关于对仲裁裁决不予执行的相关规定。

考试内容

第一节　仲裁裁决的执行

执行仲裁裁决的概念　申请执行仲裁裁决的条件　执行仲裁裁决的程序

第二节　仲裁裁决的不予执行

仲裁裁决不予执行的理由　不予执行仲裁裁决的程序　不予执行仲裁裁决的法律后果　不予执行仲裁裁决和撤销仲裁裁决的关系

第三节　仲裁裁决的中止执行、终结执行和恢复执行

仲裁裁决的中止执行　仲裁裁决的恢复执行　仲裁裁决的终结执行

第二十八章　涉外仲裁

基本要求

理解：涉外仲裁的特点及其与国内仲裁的区别。

熟悉并能够运用：法律和司法解释对涉外仲裁的特殊规定。

考试内容

第一节　涉外仲裁的概念

涉外仲裁的概念

第二节　涉外仲裁机构

涉外仲裁机构的设立　我国受理涉外仲裁案件的仲裁机构

第三节　涉外仲裁程序

仲裁申请、答辩、反请求程序　仲裁庭的组成　审理与裁决

第四节　对涉外仲裁裁决的撤销和不予执行

对涉外仲裁裁决撤销和不予执行的法定事由　对涉外仲裁裁决撤销和不予执行的程序

第五节　对涉外仲裁裁决和外国仲裁裁决的执行

对涉外仲裁裁决的执行　对外国仲裁裁决的承认和执行

附录：法律法规目录

中华人民共和国民事诉讼法

（1991 年 4 月 9 日第七届全国人民代表大会第四次会议通过　根据 2007 年 10 月 28 日第十届全国人民代表大会常务委员会第三十次会议《关于修改〈中华人民共和国民事诉讼法〉的决定》第一次修正　根据 2012 年 8 月 31 日第十一

届全国人民代表大会常务委员会第二十八次会议《关于修改〈中华人民共和国民事诉讼法〉的决定》第二次修正　根据2017年6月27日第十二届全国人民代表大会常务委员会第二十八次会议《关于修改〈中华人民共和国民事诉讼法〉和〈中华人民共和国行政诉讼法〉的决定》第三次修正　根据2021年12月24日第十三届全国人民代表大会常务委员会第三十二次会议《关于修改〈中华人民共和国民事诉讼法〉的决定》第四次修正　根据2023年9月1日第十四届全国人民代表大会常务委员会第五次会议《关于修改〈中华人民共和国民事诉讼法〉的决定》第五次修正）

最高人民法院关于适用《中华人民共和国民事诉讼法》的解释

（2014年12月18日最高人民法院审判委员会第1636次会议通过　根据2020年12月23日最高人民法院审判委员会第1823次会议《关于修改〈最高人民法院关于人民法院民事调解工作若干问题的规定〉等十九件民事诉讼类司法解释的决定》第一次修正　根据2022年3月22日最高人民法院审判委员会第1866次会议《关于修改〈最高人民法院关于适用《中华人民共和国民事诉讼法》的解释〉的决定》第二次修正）法释〔2022〕11号

最高人民法院关于互联网法院审理案件若干问题的规定

（2018年9月3日最高人民法院审判委员会第1747次会议通过　2018年9月6日公布　自2018年9月7日起施行）法释〔2018〕16号

最高人民法院关于审理民事级别管辖异议案件若干问题的规定

（2009年7月20日最高人民法院审判委员会第1471次会议通过　根据2020年12月23日最高人民法院审判委员会第1823次会议《关于修改〈最高人民法院关于人民法院民事调解工作若干问题的规定〉等十九件民事诉讼类司法解释的决定》修正）法释〔2020〕20号

最高人民法院关于民事诉讼证据的若干规定

（2001年12月6日最高人民法院审判委员会第1201次会议通过　根据2019年10月14日最高人民法院审判委员会第1777次会议《关于修改〈关于民事诉讼证据的若干规定〉的决定》修正）法释〔2019〕19号

最高人民法院关于在审理经济纠纷案件中涉及经济犯罪嫌疑若干问题的规定

（1998年4月9日最高人民法院审判委员会第974次会议通过　根据2020年12月23日最高人民法院审判委员会第1823次会议《关于修改〈最高人民法院关于在民事审判工作中适用《中华人民共和国工会法》若干问题的解释〉等

二十七件民事类司法解释的决定》修正） 法释〔2020〕17号

中华人民共和国人民调解法

（2010年8月28日第十一届全国人民代表大会常务委员会第十六次会议通过 2010年8月28日中华人民共和国主席令第34号公布 自2011年1月1日起施行）

最高人民法院关于人民法院民事调解工作若干问题的规定

（2004年8月18日最高人民法院审判委员会第1321次会议通过 根据2020年12月23日最高人民法院审判委员会第1823次会议《关于修改〈最高人民法院关于人民法院民事调解工作若干问题的规定〉等十九件民事诉讼类司法解释的决定》修正） 法释〔2020〕20号

最高人民法院关于适用简易程序审理民事案件的若干规定

（2003年7月4日最高人民法院审判委员会第1280次会议通过 根据2020年12月23日最高人民法院审判委员会第1823次会议《关于修改〈最高人民法院关于人民法院民事调解工作若干问题的规定〉等十九件民事诉讼类司法解释的决定》修正） 法释〔2020〕20号

最高人民法院关于适用《中华人民共和国民事诉讼法》审判监督程序若干问题的解释

（2008年11月10日最高人民法院审判委员会第1453次会议通过 根据2020年12月23日最高人民法院审判委员会第1823次会议《关于修改〈最高人民法院关于人民法院民事调解工作若干问题的规定〉等十九件民事诉讼类司法解释的决定》修正） 法释〔2020〕20号

最高人民法院关于适用《中华人民共和国民事诉讼法》执行程序若干问题的解释

（2008年9月8日最高人民法院审判委员会第1452次会议通过 根据2020年12月23日最高人民法院审判委员会第1823次会议《关于修改〈最高人民法院关于人民法院扣押铁路运输货物若干问题的规定〉等十八件执行类司法解释的决定》修正） 法释〔2020〕21号

最高人民法院关于人民法院民事执行中查封、扣押、冻结财产的规定

（2004年10月26日最高人民法院审判委员会第1330次会议通过 根据2020年12月23日最高人民法院审判委员会第1823次会议《关于修改〈最高人民法院关于人民法院扣押铁路运输货物若干问题的规定〉等十八件执行类司法解释

释的决定》修正） 法释〔2020〕21号

最高人民法院关于人民法院民事执行中拍卖、变卖财产的规定

（2004年10月26日最高人民法院审判委员会第1330次会议通过 根据2020年12月23日最高人民法院审判委员会第1823次会议《关于修改〈最高人民法院关于人民法院扣押铁路运输货物若干问题的规定〉等十八件执行类司法解释的决定》修正） 法释〔2020〕21号

最高人民法院关于人民法院办理执行异议和复议案件若干问题的规定

（2014年12月29日最高人民法院审判委员会第1638次会议通过 根据2020年12月23日最高人民法院审判委员会第1823次会议《关于修改〈最高人民法院关于人民法院扣押铁路运输货物若干问题的规定〉等十八件执行类司法解释的决定》修正） 法释〔2020〕21号

最高人民法院关于执行和解若干问题的规定

（2017年11月6日最高人民法院审判委员会第1725次会议通过 根据2020年12月23日最高人民法院审判委员会第1823次会议《关于修改〈最高人民法院关于人民法院扣押铁路运输货物若干问题的规定〉等十八件执行类司法解释的决定》修正） 法释〔2020〕21号

最高人民法院关于人民法院执行工作若干问题的规定（试行）

（1998年6月11日最高人民法院审判委员会第992次会议通过 根据2020年12月23日最高人民法院审判委员会第1823次会议《关于修改〈最高人民法院关于人民法院扣押铁路运输货物若干问题的规定〉等十八件执行类司法解释的决定》修正） 法释〔2020〕21号

中华人民共和国仲裁法

（1994年8月31日第八届全国人民代表大会常务委员会第九次会议通过 根据2009年8月27日第十一届全国人民代表大会常务委员会第十次会议《关于修改部分法律的决定》第一次修正 根据2017年9月1日第十二届全国人民代表大会常务委员会第二十九次会议《关于修改〈中华人民共和国法官法〉等八部法律的决定》第二次修正）

最高人民法院关于适用《中华人民共和国仲裁法》若干问题的解释

（2005年12月26日最高人民法院审判委员会第1375次会议通过） 法释〔2006〕7号

附　　录

大纲编写、修订组成员

（按姓名拼音音序排列）

陈卫东	陈兴良	陈泽宪	丁天球	董超洁	付子堂
高其才	顾廷海	韩大元	何　挺	黄　进	霍政欣
孔祥泉	李立众	李永军	廉玲维	刘凯湘	刘茂林
马怀德	潘剑锋	钱明星	秦晓程	舒国滢	宋功德
宋喜凤	宋英辉	唐　力	田　昕	王利明	王卫国
温世扬	肖　玮	徐运凯	许身健	杨伟东	杨向斌
叶　健	查庆九	张　耕	张丽英	张明楷	张文显
赵晓耕					